ANDREAS HOFER
1809

ANDREAS HOFER 1809

*Eine Geschichte
von Treue und Verrat*

Ein Lesebuch
Herausgegeben und mit Erläuterungen
von Bernhard Sandbichler

Tyrolia-Verlag • Innsbruck-Wien
Verlagsanstalt Athesia • Bozen

Bibliografische Information Der Deutschen Bibliothek
Die Deutsche Bibliothek verzeichnet diese Publikation in der Deutschen Nationalbibliografie; detaillierte bibliografische Daten sind im Internet über http://dnb.ddb.de abrufbar.

2002
© Verlagsanstalt Tyrolia, Innsbruck
Umschlaggestaltung: Peter Mair, unisono Werbeagentur, Innsbruck, unter Verwendung von drei Bildern von Franz von Defregger (Fotos: Tyrolia-Archiv) sowie eines Standfotos zum Film „1809 – Die Freiheit des Adlers" (Foto Bernhard Berger, © Satel-Film, Wien)
Frontispiz (Seite 2): Porträt Andreas Hofer von Placidus Altmutter, 1809 (Foto: Tyrolia-Archiv)
Bildnachweis: Egmont Ehapa Verlag GmbH/Berlin, S. 155. – Rupert Larl, Axams: S. 115 und S. 161. – Michael Forcher, Tirols Geschichte in Wort und Bild, S. 92, 143, 150. – Alle übrigen: Archiv Tyrolia.
Layout und digitale Gestaltung: Tyrolia-Verlag
Lithografie: Athesia-Laserpoint, Innsbruck
Druck und Bindung: Alcione, Trento
ISBN 3-7022-2488-2 (Tyrolia)
ISBN 88-8266-193-8 (Athesia)

Inhalt

VORWORT 9

JACQUES LE GOFF: *Die Französische Revolution bewegt Europa* 13

HELMUT REINALTER: *Die neufränkischen Volksempörer und die Langmut der Fürsten* 16

EGON FRIEDELL: *Das Napoleondrama* 20

FRIEDRICH HÖLDERLIN: *An die Deutschen* 24

HEINRICH VON KLEIST: *Germania an ihre Kinder* 25

ERNST MORITZ ARNDT: *Des Deutschen Vaterland* 28

THEODOR KÖRNER: *Andreas Hofers Tod* 29

FRANZ TUMLER: *Eine Zeittafel (Vom Neudenken und Versteinern)* 30

CONSTANT VON WURZBACH: *Hofer, Andreas* 36

LUISE, KÖNIGIN VON PREUSSEN: *An die Zarinmutter Maria Feodorowna – An die Zarin Elisabeth – An Caroline Friederike von Berg* 45

ALBINO LUCIANI: *Lieber Andreas Hofer!* 49

JOSEPH VON EICHENDORFF: *Ein feste Burg, Trutz der Gewalt* 52

WILLIAM WORDSWORTH: *Hoffer* 61

NORBERT C. KASER: *sachsenklemme* 63

Barbara Hundegger: *innsbruck lassen 1* 65

Johann Peter Hebel: *Die französische Armee* 66

Eric Hobsbawm: *Die Dynamik des Guerillakrieges* 68

Bettine von Arnim: *An Goethe – An Bettine* 73

Franz Grillparzer: *Tod des Vaters 1809* 78

Johann Peter Hebel: *Zustand von Europa im
August 1810 – Andreas Hofer* 83

Heinrich Heine: *Dichtung und Wahrheit* 89

Joseph von Hormayr: *Insubordination und das
mindeste Übel* 93

Claudio Magris: *Joseph Freiherr von Hormayr
zu Hortenburg* 97

Charles Sealsfield: *Der Kaiser und sein Volk* 101

Norbert C. Kaser: *andreas hofer laesst sich nicht
ver(d)erben* 108

Johann Holzner: *Der ›Andre Hofer‹ von
Franz Kranewitter* 110

Sebastian Rieger: *Tirol ist lei oans* 117

Werner Pirchner: *leicht veränderte tiroler
landeshymne* 120

Julius Mosen: *Sandwirt Hofer* 121

H. C. Artmann: *mit dir das land tyrol* 123

JOSEPH ZODERER: *statt di hantln foltn di faischt zoagn* ... 124

ERNST HERBECK: *Andreas Hofer* 125

PETER ROSEGGER: *Panorama* 126

HERBERT ROSENDORFER: *Das Wichtigste ist das Riesenrundgemälde* 128

CLAUDIO MAGRIS: *Revolutionäre und Rebellen* 132

CLAUS GATTERER: *Über eine Bauernbibliothek in Sexten, über Reimmichl, Andreas Hofer, Cesare Battisti und Alice Schalek* 137

GEORG PAULMICHL: *Gedenkjahr I* 145

REINHOLD GÄRTNER: *Dornenkrone und Geschichtsbewusstsein* 146

WERNER PIRCHNER: *ein vorschlag* 149

INGRID STROBL: *Mander, 's isch Zeit* 151

FELIX MITTERER: *1809 – Die Freiheit des Adlers. Drehbuchauszug* 156

CHRISTIAN BERGER: *Es ist Winter 1810* 160

Autoren- und Quellenverzeichnis 163

Verraten bist, Ander! Verraten, verraten!
Karl Schönherr, *Der Judas von Tirol*

wehe jenen die unsern groeßten guerillero
unbefugt in mund & feder nehmen.
Norbert C. Kaser

Vorwort

Man schrieb das Jahr 1809. Goethe brachte seine *Wahlverwandtschaften* heraus, den ersten modernen Roman deutscher Sprache; Madame de Staël verfasste unter dem Titel *Über Deutschland* die erste Kulturgeschichte der Goethezeit; Samuel Thomas von Sömmerring, einer der universellsten Naturforscher seiner Zeit, erfand einen elektrischen Telegrafenapparat. Braille, Darwin, Gogol, Lincoln und Mendelssohn Bartholdy wurden geboren; Haydn starb. Und Napoleon Bonaparte führte Krieg.

Er hatte den Guerillakrieg in Spanien Ende 1808 nicht beenden können. Dort kämpfte das Volk, unterstützt von britischen Expeditionskorps unter Arthur Wellesley, Herzog von Wellington (der dem Franzosenkaiser, gemeinsam mit dem preußischen General Blücher, 1815 bei Waterloo eine endgültige militärische Niederlage bereiten sollte). Monatlich 250.000 Pfund Subsidien zahlten die Briten an Österreich, dessen Außenminister Johann Philipp Graf von Stadion seit der Niederlage in der Schlacht bei Austerlitz 1805 einen Revanchekrieg gegen Frankreich plante, um das Gleichgewichtssystem unter den europäischen Staaten von vor der Französischen Revolution wiederherzustellen.

1809 sah Stadion den geeigneten Augenblick gekommen. Am 9. April erklärte Österreich Frankreich den

Krieg. Allein es sollte nicht der erhoffte europäische Befreiungskrieg werden. In Deutschland dachte keine Regierung ernsthaft daran, das Lager Napoleons zu verlassen: »Tatenarm und gedankenvoll« waren die Deutschen, wie es bei Hölderlin heißt. Mit Ausnahme eines kleinen Aufstandes in Hessen unter Oberst Dörnberg und einer Revolte des Majors Ferdinand von Schill in Berlin rührte sich nichts.

Nur in Tirol fand unter Andreas Hofer jener Volksaufstand statt, von dem sich die österreichische Seite militärische und politische Wunder erwartete. Tirol war nach dem Frieden von Pressburg am 26. Dezember 1805 an das mit Napoleon verbündete Königreich Bayern gefallen. Mit Einführung der bayerischen Verfassung am 1. Mai 1808 und der damit einhergehenden Aufteilung des Landes in die Kreise Inn, Eisack und Etsch hatte die bayerische Regierung unter dem aufgeklärten Reformminister Maximilian von Montgelas den geografisch-politischen Begriff »Tirol« liquidiert. Dementsprechend hassten große Teile der Tiroler Bevölkerung die Dynastie der Wittelsbacher, wehrten sich gegen die wirtschaftliche Benachteiligung gegenüber Bayern und lehnten die Unterdrückung der Tiroler Freiheiten insbesondere auf kirchlich-religiösem Gebiet entschieden ab. Dass Napoleon am 1. Mai 1809 den Kirchenstaat aufhob und sich ein Zwist zwischen ihm und Papst Pius VII. entspann, trug ebenfalls nicht zur Beruhigung der Situation bei.

Männer wie der Wein- und Pferdehändler Andreas Hofer aus St. Leonhard in Passeier und der Schützenmajor Joseph Speckbacher als militärische Führer sowie der Kapuzinerpater Joachim Haspinger als Ideologe organisierten diesen Widerstand gegen die Segnungen der Französischen Revolution. Bevor die österreichischen Truppen Mitte April über das Pustertal Tirol erreichten, war das Land von der bayerischen Herrschaft befreit. Auch gegen französische Wiedereroberungsversuche behauptete sich die Volksarmee in zwei Schlachten am Bergisel. Die »gefürstete Grafschaft« hatte ihre Selbständigkeit als »Tiroler Nation« zu behaupten vermocht.

Treue steht am Anfang dieser Episode Tiroler Geschichte, Verrat an ihrem Ende. Mit der endgültigen Niederschlagung der Erhebung, dem Todesbefehl für Andreas Hofer und der Aufteilung des Landes rückt der Kriegsschauplatz Tirol wieder aus dem Blickwinkel Napoleons. Für Momente aber waren Tirol und sein Oberkommandant und kurzfristiger Landesregent Sand im Getriebe der Weltgeschichte. Das erregte Bewunderung und Schelte – bis heute. Die Geschichte Hofers wurde mystifiziert und romantisiert, glorifiziert und idealisiert, legitimiert und tabuisiert, parodiert und travestiert, ironisiert und entmystifiziert. Historiker, Lexikografen, Literaten und Librettisten fassten sie in Worte; Historienmaler malten sie auf Leinwände; Bildhauer meißelten den Sandwirt in Stein; Musiker bliesen ihm den Marsch; und als die Bilder laufen lernten, schrieben Autoren die Geschichte zu Drehbüchern, die Regisseure verfilmten.

1896 hatte Peter Rosegger ironisch festgehalten: »Von Andreas Hofer lebt heute halb Innsbruck. Er hat sein Volk erhöht, er gab ihm den Ruhmesglanz, nun nährt er noch die Wirte, denen er Fremde ins Land zieht, und die Kunsthändler, die seine Bilder verkaufen, und die Buchhändler, die seine Geschichte verschleißen. Welch' Segen um einen großen Mann!« Dieses Lesebuch versammelt mehr als 40 Texte verschiedenster Autorinnen und Autoren aus zwei Jahrhunderten – aber es meidet Verschleißtexte geflissentlich. Andreas Hofer steht *nicht immer* im Mittelpunkt der Beiträge, die den Bogen von der Französischen Revolution bis zum Konflikt der USA mit Vietnam, von Hölderlins

Ode bis zu Felix Mitterers Drehbuch zum Film *1809 – Die Freiheit des Adlers* spannen. Aber Andreas Hofer taucht in ihnen auf (oft unvermutet) oder hängt mit ihnen zusammen. Dass das Thema selbst ein heikles ist – schließlich ist Hofer wie Wilhelm Tell oder Johanna von Orléans ein nationaler Mythos –, sollte nicht dazu führen, die Augen zu verdrehen oder ganz zu verschließen. Viel besser ist es, 1809, dieses »Drama der modernen Geschichte« (Claudio Magris), aus den verschiedenen Blickwinkeln zu betrachten, die diese Texte bieten. Ein spannendes Unterfangen!

*

Die Vorgeschichte: Texte von drei Historikern stehen zu Beginn dieses Buches. Jacques Le Goff, einer der renommiertesten überhaupt, erzählt von der Französischen Revolution und ihrer Bedeutung für Europa. Helmut Reinalters Text befasst sich mit Auswirkungen der Revolution auf Tiroler Boden. Egon Friedell schließlich liefert ein bewunderndes Porträt Napoleons, dessen Aufstieg und Fall er mit der ihm eigenen Frische schildert.

JACQUES LE GOFF

Die Französische Revolution bewegt Europa

Ihr wisst, dass die Franzosen 1789 eine Revolution gemacht haben, das heißt das Herrschaftssystem und die Gesellschaft von Grund auf verändert haben. Das Königtum wurde abgeschafft und an seiner Stelle die Republik ausgerufen. Jetzt regieren Versammlungen von gewählten Abgeordneten die Gesamtheit aller Franzosen, die man nun »Nation« nannte. Die Abgeordneten schafften das Feudalsystem ab: Von jetzt an sollten die Adligen keine Vergünstigungen (so genannte Privilegien) mehr genießen. Sie erhielten zum Beispiel keine Abgaben mehr von »ihren« Bauern, sie verloren das Recht, bestimmte Beschäftigungen wie die Jagd als Einzige auszuüben, und sie durften sich nicht mehr durch äußere Zeichen wie luxuriöse Kleidung und Perücken, Kutschen usw. von den anderen abheben. Die Abgeordneten erklärten, dass alle Franzosen frei und gleich seien. Sie gaben der Republik einen Wahlspruch, der auf allen öffentlichen Gebäuden zu lesen war: »Freiheit, Gleichheit, Brüderlichkeit«.

Damit nicht genug, die Revolutionäre entwarfen auch ein humanes Leitbild, das von der gesamten Menschheit übernommen werden sollte: die Erklärung der Menschen- und Bürgerrechte. Diese Erklärung betont vor allem die Freiheit. Ein Mann (oder eine Frau – trotz der Beteiligung vieler Frauen an der Revolution ist sie vor allem von Männern für Männer durchgeführt worden) darf wegen seiner Ansichten nicht festgenommen oder ins Gefängnis genommen werden. Die körperliche Unversehrtheit der Menschen muss respektiert werden: Also wurden die Prügelstrafe und die Folter abgeschafft.

Leider hat die Französische Revolution die eigenen Prinzipien nicht immer befolgt und ist auf Abwege geraten, deren Auswirkungen auf Europa sehr schädlich gewesen sind.

Freiheit und Gleichheit sollten zu Toleranz führen. Aber bald schon ergriffen die intolerantesten der Revolutionäre die Macht. Sie schränkten die Freiheiten der Bürger ein, ließen ihre Feinde guillotinieren (durch ein Fallbeil köpfen), ohne deren Recht auf eine anständige Verteidigung vor unabhängigen Gerichten zu respektieren. Unter ihnen kam es zu einer Schreckensherrschaft. Gruppen von Republikanhängern führten in Westfrankreich einen erbitterten und häufig barbarischen Krieg gegen die Gegner der Republik, gegen Adlige, Priester und Bauern. Die extremistischen Revolutionäre griffen auch die katholische Kirche und die Religion überhaupt an. So machte sich die Revolution viele Feinde bei den Priestern und den überzeugten Anhängern der Religion. Auch hier stellte sie ihre Intoleranz unter Beweis. Allerdings erkannte sie Protestanten und Juden als gleichberechtigte Bürger an. Vor allem aber erklärten die Revolutionäre 1792 zuerst dem Kaiser von Österreich und dem preußischen König, die den französischen König und das alte System, das so genannte Ancien régime, wieder einsetzen wollten, den Krieg, später dann auch dem König von Großbritannien und den Niederlanden. Das führte dazu, dass die Französische Revolution auf fast ganz Europa übergriff. Dabei vermischten sich allerdings zwei entgegengesetzte Wünsche: Der Wunsch, den von ihren Herrschern unterdrückten Völkern Europas die Segnungen der Revolution und an erster Stelle die Freiheit zu bringen, stand im Gegensatz zum Eroberungsdrang der Franzosen.

Die Europäer spalteten sich in Anhänger und Gegner der Revolution. Dieser neue Bruch wirkte lange Zeit nach und stellte Revolutionäre und Gegenrevolutionäre, Fortschrittliche und Reaktionäre einander gegenüber. Er prägte den Gegensatz, der noch heute zwischen der Linken und der Rechten besteht.

Man kann sagen, dass die Völker zunächst Anhänger der Revolution waren und sie nachahmen wollten und dass die jeweiligen Regierenden, die Fürsten und Adligen sich den französischen Revolutionären entgegenstellten. Auch die Völker wandten sich jedoch bald gegen die Französische Revolution, die immer stärker nationalistische und beherrschende Züge annahm.

Als Napoleon Bonaparte in Frankreich die Macht ergriff, dehnte er den Krieg auf Europa aus. Zunächst wollte er bestimmte Reformen der Revolution zum Abschluss bringen und Freiheit und Gerechtigkeit verwirklichen. Anfänglich wurde er in manchen Ländern freudig aufgenommen. Dazu zählte das von seinen mächtigen Nachbarn Russland, Österreich und Preußen geteilte Polen, das von Österreich unterdrückte Dalmatien und Neapel, das seine Könige aus der Bourbonendynastie nicht schätzte. Schließlich verbündete sich jedoch ganz Europa gegen ihn.

HELMUT REINALTER

Die neufränkischen Volksempörer und die Langmut der Fürsten

Auch in Meran agierten 1794 Anhänger des Jakobinismus und der Französischen Revolution im Sinne »demokratischer Grundsätze« und verteidigten die Ereignisse in Frankreich nach 1791. Kreishauptmann Roschmann schloss am 15. Juli 1794 – wie er in einem Schreiben an Landesgouverneur Waidmannsdorf mitteilte – seine Relation über die in Meran durchgeführte Jakobineruntersuchung ab, derzufolge schon im Jahre 1794 die Polizei auf jakobinische Bewegungen in Meran aufmerksam gemacht worden sei. 1795 wurden an der Tür des Meraner Schießstandes und am in der Nähe liegenden Ultner Tor rote Freiheitsmützen mit einem darauf genähten weißen Zettel, auf dem die Worte »Freiheit und Gleichheit« standen, aufgefunden. Der Landrichter zu Meran erhielt von oberster Stelle den Auftrag, den Täter ausfindig zu machen und dem Kreishauptmann bekannt zu geben.

Am 7. August 1796 kam es schließlich in Meran zu einem Volksauflauf, der von Anhängern der Französischen Revolution ins Rollen gebracht wurde. Pater Philipp, ein Prediger, soll angeblich in seinen Kanzelreden das Bauernvolk gegen die »Vornehmen«, »Reichen« und »Gebildeten« aufgebracht haben. Landrichter Johann Weser informierte darüber das k. k. oberösterreichische Appellatorium und schilderte kurz die Gründe und den Ablauf der Ereignisse:

»Den 7. d. M. ereignete sich allda zu Meran, als von den Polizeydienern 2 Bauern wegen eines entstandenen blutigen Raufhandels ganz ohne Wissen der Obrigkeit im Arrest geführt wurden, ein kleiner Auflauf der Bauern aus den Gerichten Passeyr, und Schenna, wozu sich auch noch andere schlugen. Die Tür des Gerichtshauses wurde mittels herbeygetragener Tremel, Stangen und Steine mit Gewalt aufgesprengt, die Türe der nächstgelegenen Kerker wurden aufzubrechen versucht, einige auch wirklich aufgebrochen, die Gefangenen herausgerufen und andere derley Excesse begangen, wodurch ein nicht geringer Schaden verursacht wurde.« Ein Interventionsversuch des Landrichters scheiterte an den überhitzten Gemütern. Landesgouverneur Waidmannsdorf machte deshalb beim Fürstbischof von Chur eine Anzeige gegen Pater Philipp, die daraufhin erfolgte Untersuchung blieb jedoch ohne Konsequenzen, da dem Prediger nichts Belastendes nachgewiesen werden konnte. Es wurden lediglich die Ordinariate von Brixen, Trient und Chur angewiesen, künftig die Geistlichkeit in Schranken zu halten und ihr strikt zu untersagen, über Freimaurerei und Jakobinismus zu sprechen.

 Jakobinisch eingestellte Geistliche blieben jedoch in Tirol und Welschtirol Ausnahmeerscheinungen und fanden in der Bevölkerung nicht die erhoffte Wirkung. Dafür haben wir Kenntnis von mehreren Geistlichen, die sich mit Appellen und Ermunterungsreden von der Kanzel aus an das gläubige Volk wandten, da der Krieg gegen Frankreich auch als »Religionskrieg« empfunden wurde und die »Jakobinerfurcht« nach Auffassung des Klerus in manchen Bevölkerungskreisen verbreitet war. So sandte zum Beispiel im Jahre 1794 der Fürstbischof von Brixen, Franz Karl von Lodron, ein Umlaufschreiben an seine Dekane mit dem Auftrag, ihn über die Stimmung im Volk zu informieren. Aus den Antworten ging unter anderem hervor, dass lediglich einzelne Boten, die öfters in Städte kamen, dort revolutionsfreundliche Grundsätze auffingen und dann auf dem Lande weitererzählten. Der Pfarrer von Telfs beantwortete die Frage, ob das Volk leicht zu verführen sei, mit der Einschränkung, nur wenn »Noth durch eine Empörung Loos zu werden versprochen würde. Darzu derfte am gefährlichsten werden, wenn heimliche Emissarii die Bedeutende unterstützten oder gar zu Gewalttätigkeit anführten«. Der Kaplan von Ochsengarten, einer abgelegenen Berggemeinde im Oberinntal, bemerkte in seinem Schreiben an den Fürstbischof: »Besondere Abreden von französischen Grundsätzen dörften hiesigem Volke mehr schädlich als nützlich sein, weil selbes von französischen Angelegenheiten wenig oder fast nichts wissen oder hören will«, und ähnlich argumentierte auch der Kaplan von Huben: »Was das Predigen wider die französischen Grundsätze betrifft, habe ich schon in diesem Jahr 3mal eine Rede gehalten und halte es in einer kleinen Gemeinde, die noch uralt christkatholisch ist, für unnötig, ja sogar für gefährlich, zu oft (davon) Meldung zu tun, damit man nicht dem Bauersmann, der ohnehin zum grübeln geneigt ist, zu viel Stoff gebe, dieser Freyheitslust nachzudenken.«

Einige Geistliche hielten mehrmals Reden gegen die Ideen der Französischen Revolution und ermunterten die im Kampf gegen Frankreich stehenden österreichischen Soldaten, Heimat und Glaube vor den Franzosen zu schützen und zu verteidigen. So rief zum Beispiel schon 1792 ein alter österreichischer Feldkaplan den Soldaten zu: »Zu lange schon nekte der Franzose mit Lügen und Schmähungen an Deutschlands wakern Fürsten, dass jedes deutschen Patrioten Wange für Unwillen glühte, und er ungeduldig harrte, ob nicht die Langmut der Fürsten endlich ermüden, und ihren Kriegsschaaren erlauben würde, den Hohn des Vaterlands, an den Verläumdern jenseits des Rheins, mit deutscher Kraft zu rügen. Und seht! die Züchtigung, welche die Nachsicht unsrer guten Fürsten verzögerte, die bereitete sich der Franzmann selbst. Uebermütig brach er den Frieden, und bot Deutschland den Krieg. Jauchzt, Kameraden, dass er das tat! Erneuert mit ihm die alte Bekanntschaft im Schlachtgemenge! Zeigt ihm, dass der Deutsche stets der alte ist, und dass das Schwerd der Söhne, wie einst das Schwerd der Väter, schwer des Feindes Naken trift, des Feindes, der unser Vaterland durch die Tapferkeit seiner Heere nie, sondern stets durch das schleichende Gift seiner Sitten, bekriegte, und auch jetzt bemüht ist, im Einverständnisse mit Verrätern und Schwindelköpfen, uns mit seinem Freiheitsfieber, und seiner Revolutionspest zu vergiften, damit wir uns durch Meuterei, und Elend, vor Welt und Nachwelt so brandmarken mögten, wie er sich gebrandmarkt hat.« Der ideologische Appell schloss mit den Worten: »Auf! Kameraden, jeder greife froh zum Gewehr, und jeder Reuter, schwinge sich froh auf sein treues Ross. Es ist der alte Feind eures Vaterlandes, es ist der Krieg der Gerechtigkeit!«

In einem Sendschreiben an den »seelsorgtragenden ehrwürdigen Klerus« polemisierte der Fürstbischof von Trient, Peter Vigil, gegen die revolutionären Ideen aus Frankreich und forderte die Geistlichkeit Tirols auf, das Volk vor diesen gefährlichen Gedanken zu warnen. Zwei »flammende Reden« hielt im selben Jahr Pater Albert Komployer in der Kollegiatstifts- und Pfarrkirche zu Bozen gegen die Revolution in Frankreich und die »neufränkischen Volksempörer«. In zwei Kanzelreden munterte weiters ein Geistlicher des Zisterzienserstifts Stams die Bevölkerung Tirols auf, seinen Religions- und Bürgerpflichten bei den derzeit bedenklichen Kriegsumständen nachzukommen, und ein Franziskaner aus dem Unterinntal hielt 1794 eine Dank- und Bittrede, in der der Wunsch geäußert wurde, dass die Waffen des Kaisers auch im Feldzug 1794 erfolgreich bleiben und die »heillosen Feinde des Staates und der Religion gedemütiget werden«.

EGON FRIEDELL

Das Napoleondrama

Napoleons Laufbahn hat sich wie ein vollständiges Drama abgewickelt, mit Exposition, Steigerung, Höhepunkt, Peripetie, »Moment der letzten Spannung« und Katastrophe, fast genau nach dem Schema in Gustav Freytags »Technik des Dramas«. Sein glänzender Feldzug in Italien im Jahr 1796 bildet den rauschenden Auftakt, und von da triumphiert er in ununterbrochener Folge über alle Feldherren, alle Völker, alle Kriegsmittel, die sich ihm in den Weg stellen, indem er, wie ein preußischer Offizier nach der Schlacht bei Jena schrieb, seine Soldaten in »übernatürliche Wesen« verwandelt. Seine erste Niederlage erleidet er erst 1809 bei Aspern, und auch diese vermag er wegen seines geordneten Rückzuges und der ungenügenden Verfolgung durch Erzherzog Karl für einen Sieg auszugeben und zwei Wochen später durch den Erfolg bei Wagram auszugleichen. Nicht geringer sind seine Siege im Innern. Nach seiner Devise: »Es handelt sich darum, auf den Roman der Revolution die Geschichte der Revolution folgen zu lassen«

bringt er Ordnung und Gedeihen in das französische Chaos, garantiert der gesamten Bevölkerung Kultusfreiheit, Handelsfreiheit, unparteiische Rechtspflege, bürgerliche Sicherheit, ausgedehnte staatliche Obsorge für Wohlfahrt und Unterricht und den Emigranten unbehelligte Rückkehr, erneuert den Adel und die Auszeichnungen, protegiert aber immer und überall nur das Talent. Den Höhepunkt seiner Karriere erreicht er im Jahr 1810: Um diese Zeit sind Belgien, Holland, Hannover, Oldenburg, das linksrheinische Deutschland, die Nordseeküste mit den Hansestädten, die illyrischen Provinzen, Oberitalien mit Südtirol und Mittelitalien mit dem Kirchenstaat französisch; der Rheinbund, bestehend aus Bayern, Württemberg, Baden, Sachsen, Hessen und dem Königreich Westfalen, die Schweiz, das Herzogtum Warschau, Spanien unter Joseph Bonaparte und Neapel unter Murat von Frankreich abhängig; Österreich, Preußen und Norwegen-Dänemark mit Frankreich verbündet. 1811 sagt Napoleon zu dem bayrischen General Wrede: »Noch drei Jahre und ich bin Herr des Universums.«

Drei Jahre später befand er sich aber bereits auf Elba. Denn das Jahr seines Höhepunkts war zugleich das seiner Peripetie, die darin bestand, dass er Josephine, seine »Mascotte«, verstieß und die Mesalliance mit dem Haus Habsburg schloss, die Mesalliance der Progression mit der Erstarrung, der Realität mit dem Schein, des Genies mit der Konvention. Und nun folgt die »fallende Handlung«. Was er mit dem russischen Feldzug vorhatte, hat er zu Narbonne ganz deutlich ausgesprochen: »Schließlich ist dieser Weg der lange Weg nach Indien. Denken Sie sich Moskau erstürmt, Russland geschlagen, den Zaren ausgesöhnt oder einer Palastverschwörung zum Opfer gefallen und sagen Sie mir, ob eine Armee von Franzosen dann nicht bis zum Ganges vordringen könnte, der nur mit einem fran-

»Noch drei Jahre und ich bin Herr des Universums«: der junge Napoleon Bonaparte

zösischen Schwert in Berührung zu kommen braucht, damit in Indien das ganze Gerüst merkantiler Größe einstürze?« Bei diesem Abenteuer aber hatte zum ersten Mal seine Phantasie den Zusammenhang mit der Wirklichkeit verloren.

Das »Moment der letzten Spannung« bildeten die »hundert Tage«. Am 11. März 1815 war in Wien großer Ball beim Fürsten Metternich. Plötzlich verbreitete sich die Nachricht: »Er ist in Frankreich.« Jedermann wusste, wer damit gemeint sei. Der Tanz wurde abgebrochen, die Unterhaltung verstummte, vergeblich spielte das Orchester weiter. Wortlos verließen die Monarchen das Fest, die übrigen Gäste folgten. Die Lichter erloschen, die Stadt lag in angstvollem Dunkel: es war wieder Weltkrieg.

Schon während des Winters hatten die französischen Soldaten Napoleon »père la violette« genannt, weil sie ihn mit den Märzveilchen zurückerwarteten. Auf seinem Weg von Cannes nach Paris fiel kein einziger Flintenschuss, alle gegen ihn gesandten Heere gingen zu ihm über. Einige Menschen starben bei der Nachricht seiner Landung vor Freude. Aber das Empire war nicht mehr die »Riesenzelle« von ehedem. Bei Waterloo endete das gewaltigste Schicksalsdrama, das die neuere Geschichte hervorgebracht hat.

FRIEDRICH HÖLDERLIN

»Du kömmst, o Schlacht! Schon wogen die Jünglinge / Hinab von ihren Hügeln, hinab ins Tal, / Wo keck herauf die Würger dringen, / Sicher der Kunst und des Arms«, heißt es in Hölderlins um 1800 entstandener Ode *Der Tod fürs Vaterland*. Das sind geradezu prophetische Verse, die an die Ereignisse in Tirol 1809 denken lassen. Dort schritt man zur Tat, die Hölderlin in seinem satirischen Zeitgedicht *An die Deutschen* einforderte. Es sollte in Tirol freilich nicht um die Erlangung republikanischer Freiheit gehen, die Hölderlin meinte.

An die Deutschen

Spottet ja nicht des Kinds, wenn es mit Peitsch' und Sporn
  Auf dem Rosse von Holz mutig und groß sich dünkt,
    Denn, ihr Deutschen, auch ihr seid
      Tatenarm und gedankenvoll.

Oder kömmt, wie der Strahl aus dem Gewölke kömmt,
  Aus Gedanken die Tat? Leben die Bücher bald?
    O ihr Lieben, so nimmt mich,
      Dass ich büße die Lästerung.

Heinrich von Kleist

Kleist verfasste die folgende Ode im Gefolge von Österreichs Kriegserklärung an Frankreich 1809. Wie viele andere Intellektuelle träumte er vom radikalen politischen ›Ethos der Tat‹ gegen das napoleonische Frankreich im Dienste der deutschen Nation, deren Völkerreigen hier beschworen wird.

Germania an ihre Kinder
Eine Ode

§ 1
Die des Maines Regionen,
Die der Elbe heitre Aun,
Die der Donau Strand bewohnen,
Die das Odertal bebaun,
Aus des Rheines Laubensitzen,
Von dem duftgen Mittelmeer,
Von der Riesenberge Spitzen,
Von der Ost- und Nordsee her!

Chor
Horchet! – Durch die Nacht, ihr Brüder,
Welch ein Donnerruf hernieder?
Stehst du auf, Germania?
Ist der Tag der Rache da?

§ 2
Deutsche, mutger Völkerreigen,
Meine Söhne, die, geküsst,
In den Schoß mir kletternd steigen,
Die mein Mutterarm umschließt,

Meines Busens Schutz und Schirmer,
Unbesiegtes Marsenblut,
Enkel der Kohortenstürmer,
Römerüberwinderbrut!

Chor
Zu den Waffen! Zu den Waffen!
Was die Hände blindlings raffen!
Mit der Keule, mit dem Stab,
Strömt ins Tal der Schlacht hinab!

§ 3
Wie der Schnee aus Felsenrissen:
Wie, auf ewger Alpen Höhn,
Unter Frühlings heißen Küssen,
Siedend auf die Gletscher gehn:
Katarakten stürzen nieder,
Wald und Fels folgt ihrer Bahn,
Das Gebirg hallt donnernd wider,
Fluren sind ein Ozean!

Chor
So verlasst, voran der Kaiser,
Eure Hütten, eure Häuser;
Schäumt, ein uferloses Meer,
Ober diese Franken her!
...

Die Dichter streben der Tat zu: das hat man schon bei Hölderlin und Kleist gesehen. Ernst Moritz Arndt erkannte als einer der Ersten, dass die französischen Revolutionsideen ihre Expansionskraft aus der Verbindung mit einem kraftvollen patriotischen Selbstbewusstsein gewonnen hatten. (›Patriot‹ und ›Vaterland‹ werden überhaupt zu Schlagworten der Epoche!) Angesichts des siegreichen napoleonischen Heeres versuchte er in *Geist der Zeit*, einer Sammlung historisch-politischer Aufsätze in vier Teilen (1805–1818), in Deutschland einen aus Gemeinsinn und Nationalbewusstsein kraftvoll gespeisten Patriotismus zu erwecken.

»O gebt mir die treuen, biedern Völker und lasst einen kräftigen, herrlichen Mann auftreten und Leben in sie bringen, einen kühnen Gebieter, der das Gute und Gerechte darstellen und dafür begeistern kann.«, liest man dort; und über Andreas Hofer: »Die tapferen Tiroler waren aufgestanden, sie konnten Österreich, Deutschland und die heilige Freiheit nicht vergessen. Aus ihrer Mitte erhob sich im Sommer 1809 ein Held, welcher der berühmteste Name Deutschlands ward: Andreas Hofer, der Sandwirt genannt, ein geringer Gastwirt und Kaufmann aus Passeier, stieg durch seine angeborene Tugend über die Fürsten und Feldherren hinaus.«

1812 wurde Arndt vom preußischen Reformer Karl Freiherr von Stein – zu jener Zeit Emigrant am Zarenhof Alexanders I. – nach Petersburg berufen, um antifranzösische Flugschriften zur Vorbereitung einer deutschen Erhebung abzufassen. Im folgenden, auszugsweise wiedergegebenen Gedicht erläutert Arndt in diesem Sinne, was er unter *Des Deutschen Vaterland* versteht.

Sein Kollege Theodor Körner ging noch einen Schritt weiter. Er »blutete für die heilige Sache« und starb 1813 als 22-jähriger Freiwilliger im »großen Kampfe fürs Vaterland«. Sein Anliegen hat Körner in hymnisch-pathetische Verse geformt. Andreas Hofers Tod widmet sich ein Gedicht der postumen Sammlung *Leyer und Schwerdt* (1814), die bis Mitte des 20. Jahrhunderts eiserner Bestandteil deutscher Lesebücher sein sollte.

Ernst Moritz Arndt

Des Deutschen Vaterland

...

Was ist des Deutschen Vaterland?
So nenne mir das große Land!
Ist's Land der Schweizer? Ist's Tirol?
Das Land und Volk gefiel mir wohl;
Doch nein! nein! nein!
Sein Vaterland muss größer sein.

Das ganze Deutschland soll es sein!
O Gott vom Himmel sieh darein
Und gib uns rechten deutschen Mut,
Dass wir es lieben treu und gut.
Das soll es sein!
Das ganze Deutschland soll es sein!

...

Theodor Körner

Andreas Hofers Tod

Treu hingst du deinem alten Fürsten an,
Treu wolltest du dein altes Gut erfechten,
Der Freiheit ihren ew'gen Bund zu flechten,
Betrat'st du kühn die große Heldenbahn.

Und treu kam auch dein Volk zu dir heran,
Ob sie der Väter Glück erkämpfen möchten.
Ach! wer vermag's, mit Gottes Spruch zu rechten!
Der schöne Glaube war – ein schöner Wahn.

Es fangen dich die Sklaven des Tyrannen;
Doch wie zum Siege blickst du himmelwärts,
Der Freiheit Weg geht durch des Todes Schmerz!

Und ruhig siehst du ihre Büchsen spannen:
Sie schlagen an, die Kugel trifft in's Herz,
Und deine freie Seele fliegt von dannen!

Franz Tumler

Im Jahr 1809 bereits begann man also, Andreas Hofer »wichtig zu machen«, wie das Franz Tumler in seinem an die 500 Seiten starken Südtirol-Buch ausdrückt. Ungefähr 100 dieser Seiten widmet er den Tiroler Freiheitskriegen, ihren Ursachen (*Wie entsteht ein Aufstand*), Wirkungen (*Wodurch ein Volk zum Volk wird*) und ihrem Resultat (*Wie Kriege zu Ende gehen*). Auf seine Art entwirrt Tumler historische Knäuel und weist auf einen historischen Faden hin, den wir hier gerne aufnehmen.

Eine Zeittafel (Vom Neudenken und Versteinern)

Vom Neudenken und Sichabsetzen vom gewohnten Geschichtsbild merkte ich einiges bei einem meiner letzten Aufenthalte in Südtirol. Ich erzählte einer Lehrerin und einer Schülerin, die in die letzte Klasse der Mittelschule ging, dass ich bei meiner Arbeit über Südtirol nun zu dem Kapitel ›Andreas Hofer‹ gekommen sei; da sagte die Lehrerin: Ja, der ist auch bei uns jedes Jahr dran, so im Februar, da haben wir eine ganze Woche ›Andreas Hofer‹; und die Schülerin sagte: Ja, und es ist immer dasselbe, das wissen wir schon auswendig, das war auch so ein ›Zach‹. Sie gebrauchte damit einen Mundartausdruck, der ungefähr ›Popanz‹ bedeutet; ich merkte, wie sie sich distanzierte.

Das erinnerte mich an eigene Erfahrung aus Kindheitsjahren: da gab es in Innsbruck den obligaten Besuch auf dem ›Bergisel‹ mit seinem Denkmal des Freiheitshelden, und in der Stadt gab es einen Rundbau, auf den Innenwänden war ein Diorama der Bergisel-Schlacht aufgemalt. Ich begegnete ihm mit derselben Reserve, die ich an der Schülerin heute bemerkte und die sich immer einstellt,

»Das erinnerte mich an eigene Erfahrung aus Kindheitsjahren: da gab es in Innsbruck den obligaten Besuch auf dem ›Bergisel‹ mit seinem Denkmal des Freiheitshelden.«

Am 1. Oktober 1961 präsentierte sich das Andreas-Hofer-Denkmal in ungewöhnlicher Form: Fanatiker hatten es gesprengt.

wenn einem Figuren aus der Geschichte wichtig gemacht werden. Ich empfand sie auch, als mir vor kurzem ein Freund ein Buch über das Jahr 1809 gab und sagte: Aber du musst darin den Abschiedsbrief des Andreas Hofer lesen, da merkt man nach dem Gewimmel zweifelhafter Charaktere – das war ein Mann. Ich las das ganze Buch ›Tirols Erhebung im Jahre 1809‹ von Josef Hirn, 1909 in Innsbruck erschienen. Ich fand darin die Nähe der wirklichen Ereignisse, deren unübersichtlicher Fortgang in Gesamtdarstellungen leicht vergessen wird. Aber ehe ich auf das Einzelne eingehe, will ich auf zwei Hauptdinge hinweisen. Das Erste: Jenes Doppelgesicht jedes Krieges in Tirol, dass er ein Heimatkrieg war, zugleich ein Krieg zwischen Kräften außerhalb, ist auch 1809 deutlich. Aber hier kommt hinzu, dass die Entscheidung außerhalb nun auch auf das Land zurückfiel, sodass der Kriegserfolg in Tirol mit allen heldenmütigen Anstrengungen seiner Einwohner nicht nur nichts gegen den Misserfolg außerhalb nützte, sondern dass die wiederholte ›Freischlagung‹ des Landes zuletzt zu seiner Niederschlagung führte, als die Feinde zurückkehrten und erklärten, dass hier nicht Krieg gewesen sei, sondern Insurrektion. Das ist der tragische Punkt in der Erhebung Tirols 1809.

Ich war immer dankbar für eine Übersicht der Daten, wenn man von mir erwartete, dass ich mich in die Historie zurückversetzen sollte. So habe ich hier eine eingefügt:

26. Dezember 1805: der Friede zu Pressburg. Eine seiner Bedingungen: Tirol kommt zu Bayern.
Das Jahr 1806: der Krieg Preußens gegen Frankreich, die Niederlage von Jena. Während dieses und der folgenden Jahre ist Tirol unter bayrischer Herrschaft. Das ändert sich im Jahr

1809.
Es beginnt mit dem

8. April 1809: Proklamation Erzherzog Carls, Kriegsbeginn, nur Tirol erhebt sich

12./13. April 1809: erste Befreiung durch die Bauern. Aber am

19. Mai 1809: nach Rückzug der Österreicher an der Donau neuerliches Einrücken der Bayern in Tirol. Am

25./29. Mai 1809: nach dem Sieg der Österreicher bei Aspern zweite Befreiung Tirols nach Schlacht am Bergisel.

5./6. Juli 1809: Schlacht bei Wagram, Niederlage Österreichs und als Folge am

12. Juli 1809: Kabinettswechsel in Österreich: an Stelle der Kriegspartei unter Stadion tritt Metternich, der den Frieden mit Frankreich sucht. Während seiner Bemühungen aber am

13./14. August 1809: dritte Befreiung Tirols. Als Folge ab

15. August 1809: Hofers Regiment in Tirol. Indessen laufen Metternichs Bemühungen weiter, ihr Ergebnis ist am

14. Oktober 1809: der Friede zu Wien. Seine Folge am

21. Oktober 1809: Ende von Hofers Regiment in Tirol. Kurz danach am

1. November 1809: Versuch einer vierten Befreiung Tirols durch Schlacht am Bergisel. Tiroler unterliegen. Es folgt ein letzter ungeregelter Aufstand. Sein Ende am

27. Januar 1810: Hofers Gefangennahme in Tirol. Am

20. Februar 1810: Hofers Erschießung in Mantua. Am

18. Februar 1810: Teilung Tirols. Nordtirol wird bayrisch, Südtirol italienisch. Kleine Teile ans ›Königreich Illyrien‹.

Ich habe mir in meinen Notizen zu dieser Aufführung von Daten ein Nebenblatt mit einer Aufzeichnung der den Aufstand bewirkenden Motive gemacht. Da fällt zunächst auf, wie lange doch die bayrische Herrschaft in Tirol gedauert hat: drei volle Jahre. Das war kein auf vorübergehenden Gebrauch gerichteter Zustand wie eine militärische Besetzung, sondern eine Einrichtung von Regierung und Verwaltung. Umso tiefer musste sie als Eingriff in das hergebrachte Leben empfunden werden. Auffällig ist auch, dass die handelnden Personen meist adelige Namen haben. Die Verhandlungen bei der Ablösung der österreichischen Ordnung durch die bayrische wurden also unter Standesgenossen geführt. Das schwächt die aufrührende Wirkung ab. Sie tritt erst auf, wo der gemeine Mann sich betroffen fühlt; das war sofort der Fall, als die Bayern darangingen, zahlreiche religiöse Bräuche abzuschaffen und ihre Ausübung mit Strafen zu belegen. Hier wurde das Volk zuerst rebellisch.

Es machte sich in Tirol wohl kaum jemand Gedanken, dass die Bayern ihre kirchlichen und sonstigen Reformen nicht mit vorsätzlicher Bosheit betrieben, um ausgerechnet die Tiroler vor den Kopf zu stoßen. Sie wurden in ganz Bayern als Teile der von dem bayrischen Minister Montgelas erstrebten Reform durchgeführt, die auf Herstellung einer straffen, von Beamten und Polizei kontrollierten Staatsmaschine zielte. Der Widerstand dagegen war in Altbayern nicht klein. Er musste in Tirol umso größer sein, als es nicht Einheimische waren, die einem etwas aufzwangen, sondern Fremde.

Der Hauptpunkt, der die Tiroler aufrührerisch machte, war der Versuch der Bayern, mit Aushebung von Rekruten ihre Wehrverfassung einzuführen. Das hatte man in Tirol nie gekannt, und hier kam es zu den ersten Zusammenstößen: Vorboten des Aufstandes – setzte man nicht voraus, dass der Aufstand ein von außen errichteter Plan war, für den im ganzen Land längst andere Vorbereitungen getroffen wurden.

Dass der Aufstand eine Art Naturereignis wurde, liegt, glaube ich, an dem Manne Andreas Hofer. Von seinem Vorleben ist wenig bekannt. ›Was man weiß‹, schreibt Josef Hirn, ›zeigt ihn voll beschäftigt als Wirt und Händler mit Wein und Vieh. Gerichtsakten behandeln mehrere seiner Prozesse, in denen Fristen erstreckt werden, weil der Sandwirt dringender Geschäfte wegen nicht erscheinen kann.‹

Es gibt noch eine andere Notiz zu Hofer aus der Zeit vor dem Aufstand. Sie ist vom 22. Oktober 1805. Der churische Bischof Karl Rudolf Graf Buol-Schauenstein, der in Meran eine zweite Residenz hatte, kehrte in Hofers Gasthaus ein. Der Sandwirt widmete die Zechschuld des bischöflichen Gastes Messstipendien. Das wird ausdrücklich als Zeichen kirchenfrommen Sinnes aufgefasst. Dieser Sinn war in Tirol stärker als anderswo. Er ist dort auch heute noch, nicht ganz zum Heil des Landes, fest wie eine Mauer gegen alle Bewegung der Zeit. Man darf sagen, dass ihn die Niederschlagung des Aufstandes 1809 eher gestärkt hat. Man hatte viel verloren, da konnte sich, aus Bedürfnis nach Halt, die Neigung zu Frömmigkeit vertiefen und auch – versteinern.

Constant von Wurzbach

»Dass der Aufstand eine Art Naturereignis wurde, liegt, glaube ich, an dem Manne Andreas Hofer.«, hat Franz Tumler geschrieben und es ist an der Zeit, nach den historischen Daten auch die historische Person ins Licht zu rücken – nicht unmittelbar in das unseres jungen Jahrhunderts allerdings, sondern jenes des 19. Jahrhunderts.

»Was die Heutigen nicht wissen, erzählen oft die Bücher von gestern«, schreibt Karl Markus Gauß in der editorischen Nachbemerkung zu seinem Essayband *Ins unentdeckte Österreich* (1998). So ist es. Und weiter: »Vieles danke ich der Leidenschaft, in alten Büchern wie dem sechzigbändigen *Biographischen Lexikon des Kaiserthums Oesterreich* des wunderlichen Constant von Wurzbach zu schmökern«. Was für eine Anregung!

So viel sei noch nachgetragen: Wurzbach – er war seit 1849 Bibliothekar im österreichischen Innenministerium – hatte über die Jahre hin anderthalbtausend Kartons mit 600.000 voll beschriebenen Vormerkblättern biografischen Inhalts versammelt. Daraus wurde ein Monumentalwerk zur Ehre des Erzhauses Österreich, das schließlich im Juli 1862 erschien. Dem »général Barbonne« und »Blutzeugen« Hofer widmet er 36 klein gedruckte Spalten in Band IX. (Zum Vergleich: Die *Enciclopedia Italiana* räumt dem »proprietario dell'osteria ›am Sand‹« gerade einmal ein Drittel einer Spalte ein, die französische *Encyclopædia Universalis* dem ›montagnard naif et obstiné‹« ebenso viel, die *Britannica* dem »Tirolese patriot, military leader, and popular hero« desgleichen.) Einige Ausschnitte werden im Folgenden wiedergegeben.

Hofer, Andreas (Oberkommandant des Tiroler Landsturms im Jahre 1809, geb. zu St. Leonhard im Passeier 22. November 1767, von den Franzosen erschossen zu Mantua auf dem Walle am 20. Februar 1810 zwischen 11 und 12 Uhr. Dieses Geburts- und Todesdatum sind die einzig richtigen und alle anderen, als: der 22. September oder 21. Oktober als Geburtstag oder 1765 als Geburtsjahr und der 19. und 21. Februar als Todestag oder gar der Monat Mai als Todesmonat und die 9. Stunde Morgens als Todesstunde sind falsch.

Die Familie Hofer stammt von der Berggegend Magfeld, der Gemeinde Platt, wo sie auf einem ansehnlichen Bauernhofe angesiedelt war. In der ersten Hälfte des 17. Jahrhunderts zog ein Zweig nach Moos auf das dortige Wirtshaus. Christian Hofer von Moos erhielt wegen seiner Verdienste um das Erzhaus Österreich 1671 die Wappenmäßigkeit. Sein Enkel Michael und dessen Sohn Simon hatten sich bei Dämpfung des Bauernaufruhrs zu Mais nächst Meran ehrenhaft hervorgetan. Die andere Linie kam fast um dieselbe Zeit in den Besitz des Sandwirthofes. Caspar und Bartlmä waren kräftige Männer, ehrlich, bieder und geachtet im ganzen Tale. Andreas, ein Sohn des Joseph und Enkel des genannten Bartlmä, ist der Held, dessen Lebensskizze hier folgt.

Andreas, im Elternhause erzogen, genoss den Schulunterricht im Dorfe St. Leonhard, erlernte lesen, schreiben und rechnen, wenn auch nicht in einem vorzüglichen Grade, so doch immer besser als andere Bauernsöhne jener Zeit. Schon als Jüngling zeigte er eine warme Vaterlandsliebe und stand, wenn es galt, mit lebendigem Eifer für die verbrieften Rechte und Freiheiten seines Vaterlandes ein. Erst 22 Jahre alt, war er bereits Abgeordneter des Tales Passeier und nahm als solcher tätigen Anteil an den

Verhandlungen des offenen Landtages, der nach des Kaisers Joseph Tode, 1790, zu Innsbruck gehalten wurde und zu manchen stürmischen Verhandlungen, vorzüglich in Ansehung der damals ziemlich unentschieden gestellten ständischen Verfassung, Anlass gab. In noch jungen Jahren nahm er Anna Ladurner zur Ehefrau und trat mit ihr vereint die Wirtschaft im Sandhofe an. Dort lebte er als Wirt und Säumer über den rauen Jaufenpass und betrieb mit Geduld das nicht sehr lohnende, aber mühsame Geschäft, das ihm kaum den erforderlichen Lebensunterhalt abwarf. Aber sein Wein-, Getreide- und Pferdehandel erwarb dem Sandwirt Anderle, wie er gewöhnlich genannt wurde, eine ausgebreitete Bekanntschaft im Lande, insbesondere auch im italienischen Anteile, und da er große Achtung genoss, überall gern gesehen wurde und seine Biederkeit im Verkehre mit einer nur ihm eigenen Weise bei jeder Gelegenheit hervortrat, so genoss er bald in der ganzen Gegend, ja im ganzen Lande jene Volkstümlichkeit, die im entscheidenden Augenblicke allgemein in ihm den rechten Mann erkennen ließ.

Nicht wenig trug dazu bei seine äußere, durch den schönen langen Bart, den er der einzige unter den Bauern jener Gegend trug, gekennzeichnete Erscheinung. Diesen Bart aber hatte H. erst in Folge einer Wette wachsen lassen, da ihm bedeutet wurde, er wage es nicht als Pantoffelmann einen solchen zu tragen. H. ließ sich den Bart wachsen, gewann die Wette und nahm diese männliche Zierde, die schwarz, breit und dicht auf die Brust herabwallte, sein Leben lang nicht mehr ab. Dieses Bartes wegen wurde er auch von Italienern und Franzosen gewöhnlich *général Barbone* genannt. Schon in den Kriegsjahren 1796 und 1805 betätigte Andreas großen patriotischen Eifer. Als Hauptmann zog er damals an der

»Sein Wein-, Getreide- und Pferdehandel erwarb dem Sandwirt eine ausgebreitete Bekanntschaft im Lande.«

Spitze seiner Passeirer gegen den Feind, um das teure Vaterland zu verteidigen.

Der Pressburger Friede (26. Dezember 1805) brachte Tirol unter bayerische Herrschaft. Dem wackern Hofer, dessen Ahnen immer treu zum Hause Österreich gehalten hatten, blutete bei diesem politischen Missgriffe das Herz. Die Bestürzung darüber in der Bevölkerung war nicht minder groß. Das Land war bayerisch geworden, das Volk österreichisch geblieben. Dabei hatte die bayerische Regierung Anordnungen getroffen, welche wenig geeignet waren, den Unwillen des Volkes zu beseitigen, und am höchsten stieg die Erbitterung, als die dem Lande gewährleistete Verfassung aufgehoben wurde. Das deutsche Bayern stand zu Frankreich, welches mit seinen Armeen verheerend den Kontinent durchzog und gegen welches, wie gegen seinen Imperator, in dem gläubigen und stillen, durch die grässlichen Gräuel des Krieges zutiefst entsetzten Tirol ein leicht begreiflicher Abscheu teils offen, teils heimlich sich kundgab. Wieder rüstete Österreich zum Kampfe und in diesem sollte es durch Tirol, das wie ein Mann aufstand, als Österreich das Schwert zog, unterstützt werden. Die wenigen Jahre des bayerischen Regiments hatten gerade jene Stimmung in Tirol gezeitigt, die für einen allgemeinen Landsturm gegen seine Bedrücker die rechte war.

Das ereignisreiche Jahr 1809 brach an, mehrere Abgeordnete einzelner Tiroler Gemeinden hatten heimliche Einladungen nach Wien zu kommen erhalten und Hofer mit zwei Vertrauten, dem Gastwirt in Bruneck, Peter Huber, und mit Franz Anton Ressing von Bozen, reiste dahin. In Wien wurden diese Männer in die Geheimnisse des bereits ganz ausgearbeiteten Planes eingeweiht, der Deutschlands und Tirols Befreiung bezweckte. Wie zu erwarten stand, ging Hofer mit Begeisterung darauf ein und kehrte nach kurzer Frist in seine Heimat zurück, wo er alsbald die zuverlässigsten Freunde von dem bevorstehenden großen Werke in Kenntnis setzte und ihrer Mitwirkung zu deren Zeit sich versicherte. Mit einer nur aus der Begeisterung über die Hoffnung, das bayerische Joch abzuschütteln, erklärlichen Heimlichkeit wurde der Aufstand, der auf gegebene Zeichen losbrechen sollte, ohne dass die übrigens sehr wachsamen Behörden auch nur die leiseste Ahnung davon hatten, vorbereitet. Kaum dürfte die Geschichte ein zweites Volksgeheimnis wie die Vorbereitung des Tirolersturms im Jahre 1809 aufzuweisen haben ...

In den letzten Tagen des Monats Juli war das Land nicht nur von allen österreichischen Truppen, sondern auch von dem Hofkommissär von Hormayr verlassen, also ohne Militär, ohne Verwaltung, ohne Geld und im Zustande des Krieges. In dieser Not beginnt die Glanzperiode der tirolischen Insurrektion und nun entfaltete sich Hofers moralische Kraft in ihrem schönsten Lichte. Sein Werk ist die Vereinigung des Volkswillens, der in seiner Einheit sich nie großartiger herausgestellt hat, wie eben damals. Am 13. August wurde der sieggekrönte Herzog von Danzig, der mit 25.000 Mann geübter Krieger und 40 Feuerschlünden den Tirolern entgegenstand, im Angesichte der Hauptstadt vollständig überwunden, am 14. floh er mit Schande bedeckt aus dem Lande und am 15. August feierte Tirol seine neue glorreichste Befreiung.

An diesem Tage zog Hofer unter rauschendem Volksjubel in Innsbruck ein, begrüßt von der freudetrunkenen Menge als Retter Tirols, als Vater des Vaterlandes. Dort übernahm er auf zudringliches Bitten der Schützenkommandanten, der Beamten der Stadt und vorzüglich auf den Wunsch des Klerus die Leitung der verwaisten Verwaltung des Landes. Hofer übernahm sie, aber ausdrücklich nur

»im Namen Seiner Majestät des Kaisers und nicht anders« und bezog, auf Anraten seiner Freunde, wiewohl ungern, die landesfürstliche Burg. Die erste Verfügung Hofers in seiner neuen Stellung war die provisorische Bestätigung der bestandenen Behörden und Ämter. Bald darauf schuf er unter dem Titel: »Provisorische General-Landesverwaltung« eine oberste Stelle des Landes für jene politischen und Kameralgegenstände, welche sonst zum Wirkungskreise der Hofbehörden gehörten. Dieses Kollegium bestand aus vier Räten und einem Präsidenten. Den Sitzungen desselben zog er noch sechs Volksrepräsentanten bei – zwei von jedem Kreise mit entscheidender Stimme.

Übrigens war die Lage Hofers eine im höchsten Grade unerquickliche, die öffentlichen Kassen waren leer, die ordentlichen Hilfsquellen erschöpft, die meisten Landesgegenden vom Kriege ausgesogen und verwüstet, die Wege nach Österreich gesperrt und die Grenzen vom Feinde umrungen, und doch mussten die außerordentlich großen Forderungen der Verwaltung und der Verteidigung des Landes schnell befriedigt werden. Aber der schlichte Landmann half sich und dem Lande so gut er konnte; gerecht, väterlich, milde wie er war, hielt er auf Zucht, Sitte und Religiosität. Wenn mehrere der von ihm unmittelbar ausgegangenen Befehle und Entscheidungen auch in ihm den Staatsmann – wie hätte es denn dieser Sohn der Natur auch sein sollen – nicht erkennen lassen, so geben sie doch Zeugnis von seiner Ordnungsliebe, seinem Rechtssinne und seinem edlen Herzen. Dabei schämte er sich nicht, wenn er eine bessere Erkenntnis der Sache gewonnen hatte, sein Unrecht einzugestehen und eine erlassene Verfügung zurückzunehmen. Es war ein Glück für das verlassene, hart bedrängte Land, dass in so gefahrvollem Zeitpunkte ein solcher Mann die Zügel des Regiments führte.

In seinem äußern Wesen selbst ging keine Veränderung vor sich, er trug seine gewöhnliche Passeirer Tracht und einen einfachen Offiziersdegen, an dessen Stelle später der schöne Säbel trat, den ihm Feldmarschall-Leutnant Chasteller geschenkt hatte. Er lebte nach alter Sitte wie als Sandwirt einfach und genügsam. Seine Verpflegung – die aus dem nächsten Gasthofe besorgt wurde – kostete täglich 45 Kreuzer, die er selbst aus der Landeskasse nahm. Sonst forderte und nahm er für sich nichts. Wenn einer oder der andere aus seiner Umgebung nicht sein Beispiel nachahmte, so trifft ihn dafür keine Schuld. Täglich besuchte er die mit der Burg in Verbindung stehende Pfarrkirche, wo er vor dem dortigen Bilde Mariens, der seine besondere Verehrung gewidmet war, seine tief gefühlte Andacht verrichtete. Wo sich sein schlichter Verstand in besonders verwickelten Fällen nicht sogleich zu raten wusste, half er sich mit dem Bescheide: »Vertrauen wir auf Gott und es wird alles gut gehen«. Die Wachposten in und vor der Burg wurden von Passeirern versehen, welche Stühle zur Seite hatten, um sich, wenn sie des Stehens müde waren, zu setzen.

Während dieser Zeit prägte Hofer in der ehemaligen Münzstätte zu Hall auch Münzen aus Kupfer und Silber, jene zu einem, diese zu zwanzig Kreuzern nach dem Konventionsfuße mit dem Tiroleradler und der Umschrift: »Gefürstete Grafschaft Tirol 1809« und auf der Kehrseite mit der Anzeige des Wertes.

Der ausdauernde Mut der Tiroler erweckte allgemeine Bewunderung. Der Kaiser hatte beschlossen, Hofers Treue und Festigkeit zu belohnen, und die beiden Landesschützen-Majors Sieberer und Eisenstecken, welche beim Abzuge der österreichischen Armee derselben gefolgt waren, brachten von dem kaiserlichen Hoflager für Hofer die

Große goldene Medaille samt Kette und 3.000 Stück Dukaten zu Verteidigungszwecken mit. Nachdem sie mit großen Beschwerden und Gefahren die vom Feinde überschwemmten Länder durchwandert und endlich auf Umwegen nach Tirol gekommen und am 29. September in Innsbruck angelangt waren, übergaben sie H. das Zeichen kaiserlicher Huld, dessen feierliche Übergabe am 4. Oktober sich zu einem wahren Volksfest gestaltet hatte.

Diese Belohnung Hofers hatte auch ihre politische Bedeutung, es war dieser Akt kaiserlicher Huld als Beweis anzusehen, dass Österreich dessen Interimsregierung gutgeheißen und legitimiert habe. Aber diesem Tage des Glückes folgten alsbald die fürchterlichen französischen Dragonaden ...

LUISE, KÖNIGIN VON PREUSSEN

»Dragonaden« – so nannte man das gewaltsame Vorgehen einer Regierung – waren auch in Preußen zu spüren. Der Absturz ins Elend erfolgte dort mit dem Sieg Napoleons bei Jena im Oktober 1806. Mit ihren Kindern musste Königin Luise überstürzt nach Ostpreußen fliehen, nach Tilsit, Königsberg und auf die Kurische Nehrung. In dieser misslichen Situation bewährte sich die bewunderte »Königin der Herzen« erst richtig: Aus der Göttin der Anmut wurde die verehrungswürdige Märtyrerin. Napoleon bezeichnete sie als »blutrünstige Amazone, die den Völkern Preußens ebenso verhängnisvoll war wie Helena den Trojanern«.

Deutsche Dichter sahen das naturgemäß anders. Kleist schwärmt in einem Sonett zu Luisens 34. Geburtstag 1810: »Erwäg ich, wie in jenen Schreckenstagen, / Still deine Brust verschlossen, was sie litt, / Wie du das Unglück, mit der Grazie Tritt, / Auf jungen Schultern herrlich hast getragen«. Im selben Jahr sollte Luise, wie das Volk sagte, an gebrochenem Herzen sterben.

Zu Lebzeiten hatte sie mit Widerstand gegen Napoleon kokettiert. Zwar verurteilte sie wie ihr Gemahl Friedrich Wilhelm III. die spektakuläre militärische Aktion des Majors Ferdinand von Schill (1776–1809), der den preußischen König zur Kriegserklärung gegen Frankreich animieren wollte. Aber sie begeisterte sich für den Aufstand in Tirol. Beides ist den folgenden Briefstellen zu entnehmen.

An die Zarinmutter Maria Feodorowna

Königsberg, den 13. Mai 1809

Teure, vielgeliebte Schwester! Vor fast fünf Wochen habe ich Ihnen den kleinen Arbeitskorb als Angebinde zugehen lassen, und damals glaubte ich, mein Leid und das Unglück des Königs (er lässt sich Ihnen warm und ehrerbietig empfehlen) könnten nicht höher steigen; aber wie ist der Mensch schwach und kurzsichtig! Wir sind jetzt noch unglücklicher als damals.

Nachdem der österreichische Krieg ausgebrochen ist, hat er in ganz Deutschland und besonders bei uns allgemeine Gärung erregt, die vieles nach sich zieht und noch ziehen wird. Die maßlose Tyrannei Napoleons hat sie seit langen Jahren vorbereitet. Der König ist unschuldig an allen den aufständischen Bewegungen in Westfalen und an dem schauderhaften, unverzeihlichen Abfall Schills. Aber wird Napoleon, so wie er Preußen und den König hasst, an diese Unschuld glauben? Er, der nur Böses und Bösartiges tut?

Sie sehen also klar, teure, vielgeliebte Kaiserin, unser Urteil ist gesprochen und wir haben nur Verderbliches von ihm zu erwarten. Der König kann sich vielleicht durch die Umstände noch genötigt sehen, für einige Zeit das politische System des Kaisers [d. i. Zar Alexander I.], Ihres Sohnes, zu verlassen; an diesem System hat der König vor allem aus Herzensgründen festgehalten, da er seinem herrlichen Freund so aufrichtig ergeben ist. Die Geister sind derartig erhitzt, und die gärende Erregung ist so stark, dass der König alles aufs Spiel setzt, wenn er nicht die Partei ergreift, der die Nation mit Vorliebe und fast mit Leidenschaft zuneigt.

Für einen solchen Fall wagt der König wie auch ich auf die wahre Freundschaft des Kaisers zu hoffen, dass er nichts gegen uns unternehmen wird, die wir schon so unglücklich sind und mit aller Härte und Grausamkeit vom Schicksal verfolgt werden. Dann würden wir sicher auf Ihre Freundschaft rechnen können, teure, vielgeliebte Kaiserin; sind Sie doch ein Engel für alle Unglücklichen. Glauben Sie, niemals war ein König und eine Königin so unglücklich wie wir. Was würde ich nicht dafür geben, in Ihrem Schoße zu weinen und mit Ihnen im einzelnen über unsere grausige Lage zu reden.

Mehr kann ich Ihnen heute nicht schreiben; der Kurier will abfahren. Adieu, teure, vielgeliebte Kaiserin, bewahren Sie Ihre Freundschaft Ihrer unglücklichen Freundin

Luise

An die Zarin Elisabeth

Königsberg, den 2. Juni 1809

Seit gestern atmen wir etwas auf durch die Nachricht, dass die Österreicher bei Wien eine Schlacht über die Franzosen gewonnen haben. Sie hat zwei Tage gedauert und war blutig und mörderisch; aber die Österreicher blieben siegreich, und die Franzosen zogen sich über die Donau zurück. Wir müssen hoffen, dass es so weitergeht; dann erst kommt die Zeit, um sich wirklich zu freuen, denn eine Schlacht rettet die Welt noch nicht, und der größte Feind dieser tapferen Österreicher ist nicht die Zahl der französischen Soldaten, sondern das Genie Napoleons; er zieht sich aus allem heraus, er ist reich an Hilfsquellen und groß in Kombination.

Wäre es jemand anders als er, so bestünde Wahrscheinlichkeit, dass er unterliegen oder wenigstens sehr schlechtes Spiel haben würde, denn er steht zwischen zwei Armeen. Erzherzog Karl steht vor ihm, und in seinem Rücken befinden sich die Korps von Marquis Chasteler, Jellacich, Erzherzog Johann, Kolowrat und Bellegarde und halten ihn von Tirol bis nach Linz und Böhmen in Schach. Und das genügt, wie mir scheint, um zu beunruhigen. Aber sein Genie wird sich aus allem herausziehen; das sollen Sie sehen, und wir werden seine Sklaven. Wie von meiner Existenz bin ich davon überzeugt: Wenn Österreich unterliegt, werden wir morgen entthront und hinweg dekretiert.

... Adieu, ganz die Ihre, teure Schwester; das ist ein Titel, den ich Ihnen aus tiefstem Herzen gebe.

Luise

An Caroline Friederike von Berg

Königsberg, den 15. August 1809

›Auf den Bergen ist Freiheit!‹ – klingt diese Stelle, die ich jetzt erst verstehe, nicht wie eine Prophezeiung, wenn Sie auf das Hochgebirge blicken, das sich auf den

Ruf seines Hofer erhoben hat? Welch ein Mann, dieser Andreas Hofer. Ein Bauer wird ein Feldherr, und was für einer! Seine Waffe – Gebet; sein Bundesgenosse – Gott! Er kämpft mit gefalteten Händen, er kämpft mit gebeugten Knien und schlägt wie mit dem Flammenschwert des Cherubs! Und dieses treue Schweizervolk, das meine Seele schon aus Pestalozzi angeheimelt hat. Ein Kind an Gemüt, kämpft es wie die Titanen mit Felsstücken, die es von seinen Bergen niederrollt. Ganz wie in Spanien! Gott, wenn die Zeit der Jungfrau wiederkäme und wenn der Feind, der böse Feind doch endlich überwunden wäre, überwunden durch die nämliche Gewalt, durch die einst die Franken, das Mädchen von Orleans an der Spitze, ihren Erbfeind aus dem Lande schlugen!

... Adieu, liebe Friederike, liebe Berg.

Luise

*

Albino Luciani (Johannes Paul I.)

Für die Monatsschrift *Messaggero di S. Antonio* verfasste Albino Luciani als Patriarch von Venedig Briefe an Persönlichkeiten. Einer jener *illustrissimi* – so der Originaltitel der Buchausgabe dieser gesammelten Briefe –, an den sich der spätere Kurzzeit-Papst Johannes Paul I. (26. August bis 28. September 1978) wandte, war Andreas Hofer.

Lieber Andreas Hofer!

Auf einem Streifzug durch Innsbruck besuchte ich vor einem Monat die Hofkirche, eine Franziskanerkirche, in der Renaissance nach den Plänen unseres Andrea Crivelli erbaut. Dort, links im Kirchenschiff, fand ich Euer Grabmal. Ganz in Eurer Nähe sind Josef Speckbacher und der Kapuziner Joachim Haspinger begraben, beide Gefährten Eurer Kämpfe.

Eigentlich habt Ihr, Wirt von St. Leonhard im Passeiertal, zwei Arten von Schlachten geschlagen: einmal wart Ihr ordentlicher Soldat im Krieg gegen die Franzosen 1796 und 1805; dann wart Ihr als Partisan Haupt und Seele des Tiroler Volksaufstandes gegen die Bayern und Franzosen im Jahre 1809. Die unglaublich geschickte und mutige Führung dieses Kleinkriegs hat selbst den Anhängern Napoleons Bewunderung entlockt und Euch im Herzen des Tiroler Volkes einen Platz als Held eingeräumt.

Alles begann damit, dass der Graf Montgelas, Minister des Königs von Bayern, ohne Voranzeige und Begründung im Jahre 1809 mit einem Schlag alle katholischen Zeremonien verbot. Keine Prozessionen mehr, keine Hochzeiten und Begräbnisse, kein Glockengeläut. Montgelas hatte keine Ahnung von der Widerstandskraft des durch und durch katholischen Tiroler Volkes. Es ersuchte zunächst den bayerischen König in respektvoller Weise, dieses »gottlose und freiheitsberaubende Dekret« zurückzuziehen. Vergeblich!

Darauf erfolgte der Massenaufstand. Während die Glocken Sturm läuteten und sich ihr Schall von Tal zu Tal fortpflanzte, sah man die Bauern von allen Höfen und Dörfern zusammenströmen, bewaffnet mit Sensen, Gabeln und alten Gewehren, angeführt von Eurer mächtigen Gestalt.

Zweimal wurde das bayerische Heer besiegt. Als die Franzosen und Sachsen zu Zehntausenden als Verstärkung heranzogen, waren die Euren gezwungen, sich aufzulösen und im Kleinkrieg weiterzukämpfen. Wie zur Zeit des italienischen Widerstandes seid Ihr »in die Berge« gegangen. Leider haben Euch zwei Lumpen für die üblichen »30 Silberlinge« verraten. Von den Franzosen in der Hütte, wo Ihr Euch versteckt gehalten hattet, aufgestöbert, sagtet Ihr: »Macht mit mir, was ihr wollt, aber habt Nachsicht mit meiner Gattin und meinen Kindern, sie sind unschuldig.«

Herzog Eugen wollte Euch begnadigen, Napoleon jedoch ordnete die Erschießung an. Vor Eurer Hinrichtung in Mantua habt Ihr, wie ein Pfarrer, die um Euch herum knienden Kameraden gesegnet. Die Augenbinde ablehnend, habt Ihr stehend die Kugeln erwartet. Auf dem Bergisel bei Innsbruck hat man Euch ein Denkmal errichtet. Der Sockel trägt die Inschrift: »Für Gott, Kaiser und Vaterland«.

Zur Zeit Eures Aufstandes schlugen sich viele Bischöfe aus Angst oder Eigennutz auf die Seite des übermächtigen Napoleon. Ihr aus Tirol hingegen habt Napoleon und seinen Freunden Widerstand geleistet. Ihr habt Euch auf die Seite des Papstes Pius VII. gestellt, der gerade im Jahr 1809 Napoleon exkommuniziert hatte, von den Franzosen verhaftet und ins Exil nach Savona gebracht wurde. Das soll man nicht vergessen. So muss man handeln, um den vielen Streitereien, die wir leid sind und die Ärgernis geben, ein Ende zu setzen. So kann man die Einheit der Geister wiederherstellen, die Einheit der Kirche und des Landes. »Für Gott und Vaterland«, wie auf dem Bergisel geschrieben steht.

Joseph von Eichendorff

In seinem Roman *Ahnung und Gegenwart* hat Eichendorff, der romantische Dichter *par excellence*, die neue Zeit, welche sich für ihn mit dem verhassten Napoleon verband, scharf kritisiert: »Überall von der organischen Teilnahme ausgeschlossen, sind wir ein überflüssig stillstehendes Rad an dem großen Uhrwerk des allgemeinen Treibens.« Graf Friedrich, die Hauptperson des Romans, gelangt im XVIII. Kapitel »von dem wirrenden Leben ... auf die letzte Ringmauer von Deutschland, wo man nach Welschland heruntersieht« – mithin nach Tirol. Die Einwohner des Gebirgslandes galten den Romantikern nach dem Aufstand 1809 unter Andreas Hofer gegen die Franzosen und Bayern als ›Naturvolk‹, mit dem gemeinsam der Held des Romans der Gewalt trotzt.

Ein feste Burg, Trutz der Gewalt

Wir finden Friedrich fern von dem wirrenden Leben, das ihn gereizt und betrogen, in der tiefsten Einsamkeit eines Gebirges wieder. Ein unaufhörlicher Regen war lange wie eine Sündflut herabgestürzt, die Wälder wogten wie Ährenfelder im feuchten Sturme. Als er endlich eines Abends auf die letzte Ringmauer von Deutschland kam, wo man nach Welschland heruntersieht, fing das Wetter auf einmal an sich auszuklären, und die Sonne brach warm durch den Qualm. Die Bäume tröpfelten in tausend Farben blitzend, unzählige Vögel begannen zu singen, das liebreizende, vielgepriesene Land unten schlug die Schleier zurück und blickte ihm wie eine Geliebte ins Herz.

Da er eben in die weite Tiefe zu den aufgehenden Gärten hinablenken wollte, sah er auf einer der Klippen einen jungen, schlanken Gemsenjäger keck und trotzig ihm ge-

genüberstehn und seinen Stutz auf ihn anlegen. Er wandte schnell um und ritt auf den Jäger los. Das schien diesem zu gefallen, er kam schnell zu Friedrich herabgesprungen und sah ihn vom Kopf bis auf den Fuß groß an, während er dem Pferde desselben, das ungeduldig stampfte, mit vieler Freude den gebogenen Hals streichelte. Wer gibt dir das Recht, Reisende aufzuhalten? fuhr ihn Friedrich an. Du sprichst ja Deutsch, sagte der Jäger, ihn ruhig auslachend, du könntest jetzt auch etwas Besseres tun, als reisen! Komm nur mit mir! Friedrich erfrischte recht das kecke, freie Wesen, das feine Gesicht voll Ehre, die gelenke, tapfere Gestalt; er hatte nie einen schöneren Jäger gesehen. Er zweifelte nicht, dass er einer von jenen sei, um derentwillen er schon seit mehreren Tagen das verlassene Gebirge vergebens durchschweift hatte, und trug daher keinen Augenblick Bedenken, dem Abenteuer zu folgen. Der Jäger ging singend voraus. Friedrich ritt in einiger Entfernung nach.

So zogen sie immer tiefer in das Gebirge hinein. Die Sonne war lange untergegangen, der Mond schien hell über die Wälder. Als sie ungefähr eine halbe Stunde so gewandert waren, blieb der Jäger in einiger Entfernung plötzlich stehen, nahm sein Hifthorn und stieß dreimal hinein. Sogleich gaben unzählige Hörner nacheinander weit in das Gebirge hinein Antwort. Friedrich stutzte und wurde einen Augenblick an dem ehrlichen Gesichte irre. Er hielt sein Pferd an, zog sein Pistol heraus und hielt es, gefasst gegen alles, was daraus werden dürfte, auf seinen Führer. Der Jäger bemerkte es. Lauter Landsleute! rief er lachend, und schritt ruhig weiter. Aller Argwohn war verschwunden, und Friedrich ritt wieder nach.

So kamen sie endlich schon bei finsterer Nacht auf einem hochgelegenen, freien Platze an. Ein Kreis bärtiger

Schützen war dort um ein Wachtfeuer gelagert, grüne Reiser auf den Hüten, und ihre Gewehre neben sich auf dem Boden. Friedrichs Führer war schon voraus mitten unter ihnen und hatte den Fremden angemeldet. Mehrere von den Schützen sprangen sogleich auf, umringten Friedrich bei seiner Ankunft und fragten ihn um Neuigkeiten aus dem flachen Lande. Friedrich wusste sie wenig zu befriedigen, aber seine Freude war unbeschreiblich, sich endlich am Ziele seiner Irrfahrt zu sehen. Denn dieser Trupp war, wie er gleich beim ersten Anblick vermutet, wirklich eine Partei des Landsturmes, den das Gebirgsvolk bei dem unlängst ausgebrochenen Kriege gebildet hatte.

Die Flamme warf einen seltsamen Schein über den soldatischen Kreis von Gestalten, die ringsumher lagen. Die Nacht war still und sternhell. Einer von den Jägern, die draußen auf dem Felsen auf der Lauer lagen, kam und meldete, wie in dem Tale nach Deutschland zu ein großes Feuer zu sehen sei. Alles richtete sich auf und lief weiter an den Bergesrand. Man sah unten die Flammen aus der stillen Nacht sich erheben, und konnte ungeachtet der Entfernung die stürzenden Gebälke der Häuser deutlich unterscheiden. Die meisten kannten die Gegend, einige nannten sogar die Dörfer, welche brennen müssten. Alle aber waren sehr verwundert über die unerwartete Nähe des Feindes, denn diesem schrieben sie den Brand zu. Man erwartete mit Ungeduld die Zurückkunft eines Trupps, der schon gestern in die Täler auf Kundschaft ausgezogen war.

Einige Stunden nach Mitternacht ungefähr hörte man in einiger Entfernung im Walde von mehreren Wachen das Losungswort erschallen; bald darauf erschienen einige Männer, die man sogleich für die auf Kundschaft Ausgeschickten erkannte und begrüßte. Sie hatten einen jungen,

»Dieser Trupp war, wie Friedrich gleich beim ersten Anblick vermutet, wirklich eine Partei des Landsturmes, den das Gebirgsvolk bei dem unlängst ausgebrochenen Kriege gebildet hatte.«

fremden Mann bei sich, der aber über der üblen Zeitung, welche die Kundschafter mitbrachten, anfangs von allen übersehen wurde. Sie sagten nämlich aus, eine ansehnliche feindliche Abteilung habe ihre heimlichen Schlupfwinkel entdeckt und sie durch einen rastlosen, mühsamen Marsch umgangen. Der Feind stehe nun auf dem Gebirge selbst mitten zwischen ihren einzelnen, auf den Höhen zerstreuten Haufen, um sie mit Tagesanbruch so einzeln aufzureiben. – Ein allgemeines Gelächter erscholl bei den letzten Worten im ganzen Trupp. Wir wollen sehn, wer härter ist, sagte einer von den Jägern, unsere Steine oder ihre Köpfe! Die Jüngsten warfen ihre Hüte in die Luft, alles freute sich, dass es endlich zum Schlagen kommen sollte.

Man beratschlagte nun eifrig, was unter diesen Umständen das klügste sei. Zum Überlegen war indes nicht lange Zeit, es musste für den immer mehr herannahenden

Morgen ein rascher Entschluss gefasst werden. Friedrich, der allen wohl behagte, gab den Rat, sie sollten sich heimlich auf Umwegen neben den feindlichen Posten hin vor Tagesanbruch mit allen den andern zerstreuten Haufen auf einen festen Fleck zu vereinigen suchen. Dies wurde einmütig angenommen, und der älteste unter ihnen teilte hiermit allsogleich den ganzen Haufen in viele kleine Trupps und gab jedem einen jungen, rüstigen Führer zu, der alle Stege des Gebirges am besten kannte. Über die einsamsten und gefährlichsten Felsenpfade wollten sie heimlich mitten durch ihre Feinde gehen, alle ihre andern Haufen, auf die sie unterwegs stoßen mussten, an sich ziehn und auf dem höchsten Gipfel, wo sie wussten, dass ihr Hauptmann sich befände, wieder zusammenkommen, um sich bei Anbruch des Tages von dort mit der Sonne auf den Feind zu stürzen.

Sie gingen nun zwischen Wäldern, Felsenwänden und unabsehbaren Abgründen immerfort; der ganze Kreis der Berge lag still, nur die Wälder rauschten von unten herauf, ein scharfer Wind ging auf der Höhe. Der Gemsenjäger schritt frisch voran, sie sprachen kein Wort. Als sie einige Zeit so fortgezogen waren, hörten sie plötzlich über sich mehrere Stimmen in ausländischer Sprache. Sie blieben stehen und drückten sich alle hart an die Felsenwand an. Die Stimmen kamen auf sie los und schienen auf einmal dicht bei ihnen; dann lenkten sie wieder seitwärts und verloren sich schnell. Dies bewog den Führer, einen andern, mehr talwärts führenden Umweg einzuschlagen, wo sie sicherer zu sein hofften.

Sie hatten aber kaum die untere Region erlangt, als ihnen ein Gewirre von Reden, Lachen und Singen durcheinander entgegenscholl. Zum Umkehren war keine Zeit mehr, seitwärts von dem Platze, wo das Schallen sich verbreitet, führte nur ein einziger Steg über den Strom, der dort in das Tal hinauskam. Als sie an den Bach kamen, sahen sie zwei feindliche Reiter auf dem Stege, die beschäftigt waren, Wasser zu schöpfen. Sie streckten sich daher schnell unter die Sträucher auf den Boden nieder, um nicht bemerkt zu werden. Da konnten sie zwischen den Zweigen hindurch die vom Monde hell beleuchtete Wiese übersehen. Ringsum an dem Rande des Waldes stand dort ein Kreis von Pferden angebunden, eine Schar von Reitern war lustig über die Aue verbreitet. Einige putzten singend ihre Gewehre, andere lagen auf dem Rasen und würfelten auf ihren ausgebreiteten Mänteln, mehrere Offiziere saßen vorn um ein Feldtischchen und tranken.

Unterdes hatten die beiden Reiter den Steg wieder verlassen. Friedrich und seine Gesellen rafften sich daher schnell vom Boden auf und eilten über den Bach von der andern Seite wieder ins Gebirge hinauf. Je höher sie kamen, je stiller wurde es ringsumher. Nach einer Stunde endlich wurden sie von den ersten Posten der Ihrigen angerufen. Hier erfuhren sie auch, dass fast alle die übrigen Abteilungen, die sich teils durchgeschlichen, teils mit vielem Mute durchgeschlagen hatten, bereits oben angekommen wären. Es war ein freudenreicher Anblick, als sie bald darauf den weiten, freien Platz auf der letzten Höhe glücklich erreicht hatten. Die ganze unübersehbare Schar saß dort, an ihre Waffen gestützt, auf den Zinnen ihrer ewigen Burg, die großen Augen gedankenvoll nach der Seite hingerichtet, wo die Sonne aufgehn sollte. Friedrich lagerte sich vorn auf einem Felsen, der in das Tal hinausragte. Unten rings um den Horizont war bereits ein heller Morgenstreifen sichtbar, kühle Winde kamen als Vorboten des Morgens angeflogen. Eine feierliche, erwartungsvolle Stille war über die Schar verbreitet, einzelne Wachen nur hörte man von Zeit zu Zeit weit über das Gebirge rufen. Ein Jäger vorn auf dem Felsen begann folgendes Lied, in das immer zuletzt alle die andern mit einfielen:

In stiller Bucht, bei finstrer Nacht,
Schläft tief die Welt im Grunde,
Die Berge rings stehn auf der Wacht,
Der Himmel macht die Runde,
Geht um und um
Ums Land herum
Mit seinen goldnen Scharen,
Die Frommen zu bewahren.

Kommt nur heran mit eurer List,
Mit Leitern, Strick und Banden,
Der Herr doch noch viel stärker ist,
Macht euren Witz zuschanden.
Wie wart ihr klug! –
Nun schwindelt Trug
Hinab vom Felsenrande –
Wie seid ihr dumm! o Schande!
Gleichwie die Stämme in dem Wald
Wolln wir zusammenhalten,
Ein feste Burg, Trutz der Gewalt,
Verbleiben treu die Alten.
Steig, Sonne, schön!
Wirf von den Höhn
Nacht und die mit ihr kamen,
Hinab in Gottes Namen!

Sie wurden hier unterbrochen, denn soeben fielen von mehreren Seiten Schüsse tief unten im Walde. Es war das verabredete Zeichen zum Aufbruch. Sie wollten den Feind nicht erwarten, sondern ihn von dieser Seite, wo er es nicht vermutete, selber angreifen. Alles sprang fröhlich auf und griff nach den herumliegenden Waffen. In kurzer Zeit hatten sie den Feind im Angesicht. Wie ein heller Strom brachen sie aus ihren Schlüften gegen den blinkenden Damm der feindlichen Glieder, die auf der halben Höhe des Berges steif gespreizt standen. Die ersten Reihen waren bald gebrochen, und das Gefecht zerschlug sich in so viele einzelne Zweikämpfe, als es ehrenfeste Herzen gab, die es auf Tod und Leben meinten. Es kommandierte, wem Besonnenheit oder Begeisterung die Übermacht gab. Friedrich war überall zu sehen, wo es am gefährlichsten herging, selber mit Blut überdeckt. Einzelne rangen da auf schwindligen Klippen, bis beide einander umklammernd in den Abgrund stürzten. Blutrot stieg die Sonne auf die Höhen, ein wilder Sturm wütete durch die alten Wälder, Felsenstücke stürzten zermalmend auf den Feind. Es schien das ganze Gebirge selbst wie ein Riese die steinernen Glieder zu bewegen, um die fremden Menschlein abzuschütteln, die ihn dreist geweckt hatten und an ihm heraufklettern wollten. Mit grenzenloser Unordnung entfloh endlich der Feind nach allen Seiten weit in die Täler hinaus.

Das Verfolgen des flüchtigen Feindes dauerte bis gegen Abend. Da langte Friedrich mit den Seinigen ermüdet auf einem altfränkischen Schlosse an, das am Abhange des Gebirges stand. Hof und Schloss stand leer: alle Bewohner hatten es aus Furcht vor Freund und Feind feigherzig verlassen. Der Trupp lagerte sich sogleich auf dem geräumigen Hofe, dessen Pflaster schon hin und wieder mit Gras überwachsen war. Rings um das Schloss wurden Wachen ausgestellt.

Friedrich fand eine Tür offen und ging in das Schloss. Er schritt durch mehrere leere Gänge und Zimmer und kam zuletzt in eine Kapelle. Ein einfacher Altar war dort aufgerichtet, mehrere alte Heiligenbilder auf Holz hingen an den Wänden umher, auf dem Altare stand ein Kruzifix. Er kniete vor dem Altare nieder und dankte Gott aus Grund der Seele für den heutigen Tag. Darauf stand er neugestärkt auf und fühlte die vielen Wunden kaum, die er in dem Gefechte erhalten. Er erinnerte sich nicht, dass ihm jemals in seinem Leben so wohl gewesen. Es war das erste Mal, dass es ihm genügte, was er hier trieb und vorhatte. Er war völlig überzeugt, dass er das Rechte wolle, und sein ganzes voriges Leben, was er sonst einzeln versucht, gestrebt und geübt hatte, kam ihm nun nur wie eine lange Vorschule vor zu der sichern, klaren und großen Gesinnung, die jetzt sein Tun und Denken regierte.

William Wordsworth

»Advance – Come forth from the Tyrolean ground, dear Liberty!« – so beginnt eines von fünf Sonetten, die Wordsworth 1809 den Tiroler Freiheitskämpfen widmete. Wie Hölderlin appellierte der englische *poeta laureatus* an die Tat, wie Eichendorff bewunderte er das Naturvolk der Alpen als deren Ausführende: »Was ist es, wenn nicht unnütz vertane Chance, dass die weise Germania brutalem Schwerte unterliegt? Schämen sollen sich ihre Lehrer! Stellen wir nicht grämend fest, dass Instinkt und einfache Sitten bei den Bauern in den Alpen dieser Tage der Menschheit mehr vermögen als stolzer Intellekt und Gedanken?« *Hoffer* konzentriert sich ganz auf den Prototypen dieses Naturvolks:

Hoffer

Of mortal parents is the Hero born
By whom the undaunted Tyrolese are led?
Or is it Tell's great Spirit, from the dead
Returned to animate an age forlorn?

He comes like Phoebus through the gates of morn
When dreary darkness is discomfited,
Yet mark his modest state! upon his head,
That simple crest, a heron's plume, is worn.

O Liberty! they stagger at the shock
From van to rear – and with one mind would flee,
But half their host is buried: – rock on rock

Descends: – beneath this godlike Warrior, see!
Hills, torrents, woods, embodied to bemock
The Tyrant, and confound his cruelty.

Ist von sterblichen Eltern geboren der Held / Der die unerschrock'nen Tiroler führt? / Oder ist Tell vom Toten auferstanden / Um seinen großen Geist verlor'nem Zeitalter einzuhauchen? // Phoebus gleich durchs Morgentor / Tritt er, Überwinder trüben Dunkels. / Doch sieh seine Bescheidenheit! Am Hut / Als einfache Zierde: die Feder des Reihers. // O Freiheit! Sie schwanken vor Schrecken / vom ersten bis zum letzten Glied – und möchten wohl einmütig fliehen / Aber begraben liegt der halbe Hauf': – Stein um Stein // stürzt herab: – zu Füßen dieses göttergleichen Kriegers, sieh! / Hügel, Bäche, Wälder vereinen sich / Um des Tyrannen und seiner Grausamkeit zu spotten.

»*Begraben liegt der halbe Hauf': Stein um Stein stürzt herab.*«

Norbert C. Kaser

Nach seinem Sieg bei Wagram Anfang Juli 1809 konnte Napoleon Österreich im darauf folgenden Waffenstillstand von Znaim verpflichten, seine Truppen aus Tirol abzuziehen. An den Aufständischen wollte er ein Exempel statuieren und sandte vier Divisionen unter dem Oberbefehl des Marschalls Lefèbvre zur bedingungslosen Unterwerfung vom Norden ins Land. Die Tiroler entschlossen sich zu erneutem Widerstand und fügten dem Feind Anfang August vernichtende Niederlagen zu: an der Lienzer Klause, im Etschtal, an der Pontlatzer Brücke und vor allem in der später so benannten Sachsenklemme im Eisacktal bei Mauls. An dieser Stelle wurden Franzosen und mit ihnen verbündete sächsische Rheinbund-Truppen, die die Vorhut bildeten, von Tiroler Landstürmern unter anderem durch Steinlawinen von den Berghängen besiegt – ein Szenario, das auch Wordsworth als bildstarke Kulisse seines *Hoffer*-Sonetts diente.

sachsenklemme

damals haben nur zwei voelker aufgemupft gegen den wilden napoleon: die heißen spanier dort die klotzigen tiroler hier bei uns da war's dem kaiser gar nicht wert selbst eine schlacht zu schlagen ein general war ihm genug & fremde truppen wie die gotteslaesterlichen bayern & ein bataillon stechschreitender sachsen (luthrische natuerlich). ohne widerstand & ohne tadel kamen sie voran. kein feind nicht einmal ein weib zum vergewaltigen. leer waren die doerfer im rissigen tal kuh keine kein schaf ... die glocken schlugen keine stunde mehr. dafuer ging es klaglos weiter & man war froh dabei was hatten sie nicht

alles hoeren muessen & sie kamen sich tapfrer vor
als hannibal auch ohne elephanten. wo tief der eisack eine schlucht sich schneidet & bis heut nur
rinnen bach straße & eisenbahn da rueckten sie der
enge wegen all zusammen: von den hoehen blies der
kalte wind nicht mehr. von gipfel zu gipfel oben
leuchteten feuer keiner sah's. wie sie in's engste loch
hineinmarschieren ziehn oben in den wolken die
bauern an einem strick & es geht los ... fein sauber
aufgeschichtet rollt das verderben in das tal. es don-
nert regnet hagelt felsen & baeume schaurig hallen
die waende. der spaß war kurz & alle sachsen tot.
dass sie sachsen waren erkannte man erst spaeter an
den uniformen & an den großen offnen muendern.
was war da angerichtet: des deutschen volkes bluete
zertruemmert & zerschlagen. heute steht am blutge-
traenkten ort – wir sind fair – eine vernebelte kneipe
eine kapelle & ein stein. nur der sachse weiß es
nicht.

weimar 220677

Barbara Hundegger

Völlig anders als Männerphantasmen liest sich folgendes Gedicht des gleichnamigen, vierteiligen Zyklus. »schwestern, gastarbeitinnen, wipptalinnen« rotten sich da zusammen zu einem Frauenkollektiv, das eine ganz andere Befreiung im Sinn hat.

innsbruck lassen 1

innsbruck, anno neun ziehen, vielleicht
mitten im winter, trotz mercedesschwerer
liftbügel bäurinnen aus dem oberland und
breite senninnen mit selten gewordenen
tieren und letzten kindern zu fuß auf die
stadt zu. winken die einen im o-dorf
schwestern aus ihren küchenhochzellen
herunter, die anderen gastarbeitinnen
aus völs heraus. kommen von zwei seiten,
über haller straße und südring, während
die starklungigen wipptalinnen von der
brennerstraße auf die altstadt gehen.
unter dem getöse von kuhglocken lachend
wie straßen breit und in festen schuhen:
langen sich den herwig den alois den
hans wie sie heißen aus rathaus gasthaus
haus. hängen den einen kopfüber vom
stadtturm, den andern, verschnürt in die
joppe eines wiltener schützen, vielleicht am
annatag, unter missachtung verschiedener
schilder von der gleichnamigen säule herab.
verteilen leichte zettel aus schriften an
frauen von hand: auf euch, autonome,
konnten wir nicht mehr warten.

JOHANN PETER HEBEL

Mit einer kurzen Kalendergeschichte, die in in ihrer distanzierten Art historische Fakten näher rückt, kehren wir zurück zur Männerdomäne des Krieges.

Die französische Armee

In dem Jahre 1809 auf 1810 hat sich die Armee des französischen Kaisers belaufen auf 900.000 Mann zu Fuß, 100.000 Mann zu Pferd und 50.000 Artillerie- und Packpferde.
In diesem einzigen Jahr sind mehr als 200.000 Mann und 60.000 Pferde ausgehoben worden.
Der Kaiser hat 40.000 Kanonen.
In den Jahren 1806 und 1807 hat die Armee und der Krieg gekostet 600 Millionen.
Im Jahr 1808 aber 580 Millionen.
Im Jahr 1809 stiegen die Kosten auf 640 Millionen.
Viel Millionen!

»... zu Fuß ... zu Pferd ... Artillerie- und Packpferde ... Kanonen ... Millionen Kosten«

ERIC HOBSBAWM

Schon mehrfach war die Rede vom Aufstand der Spanier gegen Napoleon. Der Überlegenheit des französischen Heeres setzten die Spanier die Taktik des Kleinkrieges (»guerilla«) entgegen. In der habsburgischen Propaganda fungierte dieser spanische Volkskrieg als Vorbild für Tirol. Die Spanier sandten ihre Kriegsaufrufe nach Österreich; nach ihrem Muster verfertigte Joseph von Hormayr Proklamationen für Tirol. Er ließ in Wien 3.000 deutsche und 2.000 italienische Abzüge drucken, in Graz 6.000 deutsche, die zum Einmarsch der österreichischen Armee in das ›bayerische Tirol‹ am 8./9. April 1809 verteilt wurden.

Im folgenden Essay, der 1965 entstanden ist, nachdem die USA beschlossen hatten, ihre Intervention in Vietnam zu verstärken, doch bevor sie in einen regelrechten Krieg eintraten, analysiert der Historiker Eric Hobsbawm das Phänomen – und kommt dabei auch kurz auf den »Volkskrieg der Tiroler« zu sprechen.

Die Dynamik des Guerillakrieges

Drei Faktoren verhalfen in diesem Jahrhundert in konventionellen Kriegen zum Sieg: größere Arbeitskraftreserven, größeres industrielles Potential und ein leidlich funktionstüchtiges ziviles Verwaltungssystem. Ob nun aus richtigen oder falschen Gründen, haben die Vereinigten Staaten jedenfalls seit 1945 ihr ganzes Geld in die Überlegenheit ihrer Wirtschaftsmacht investiert, in die Fähigkeit, mehr Maschinen und mehr Munition in einen Krieg zu stecken als irgendjemand sonst.

Deshalb hat es die USA schwer erschüttert, als sie feststellten, dass in unserer Zeit eine neue Methode erfolgreicher Kriegsführung entwickelt wurde, welche die straffe Organisation und wirtschaftliche Macht, die hinter konventionellen militärischen Operationen steht, mehr als wettmacht. Es ist der Guerillakrieg, und die Zahl der Goliaths, die von Davids mit einer Schleuder gefällt wurden, ist mittlerweile beeindruckend: die Japaner in China, die Deutschen in Jugoslawien während des Zweiten Weltkriegs, die Briten in Israel, die Franzosen in Indochina und Algerien. Momentan erfahren die USA die gleiche Behandlung im Südvietnam. Daher die qualvollen Versuche, Bomben auf kleine Männer hinter Bäumen zu werfen oder den Trick herauszufinden, der es ein paar tausend schlecht bewaffneten Bauern erlaubt, die größte Militärmacht der Welt in Schach zu halten. Daher auch die schlichte Weigerung zu glauben, dass das alles überhaupt möglich ist. Wenn die Vereinigten Staaten dennoch vor einem Rätsel stehen, dann muss es einen anderen – messbaren und bombardierbaren – Grund haben: die aggressiven Nordvietnamesen, die mit ihren südlichen Brüdern sympathisieren und in kleinen Mengen Vorräte hinüberschmuggeln; die schrecklichen Chinesen, die die Frechheit besitzen, eine gemeinsame Grenze mit Nordvietnam zu haben; und letztendlich natürlich die Russen. Bevor der gesunde Menschenverstand noch ganz vor die Hunde geht, ist es deshalb zweckmäßig, die Wesensart des modernen Guerillakrieges zu betrachten.

Am Vorgehen einer Guerilla ist nichts Neues. Jede ländliche Gesellschaft kennt den »edlen« Banditen oder Robin Hood, der »den Reichen nimmt, um den Armen zu geben« und den plumpen Fallen der Soldaten und Wachleute entkommt, bis er schließlich verraten wird. Denn solange ihn kein Bauer verrät und solange ihn genügend Leute über die Bewegungen seiner Feinde auf dem Laufenden halten, ist er wirklich so unverwundbar für feindliche Waffen und so unsichtbar für feindliche Augen, wie es Legenden und Lieder immer behaupten.

Beides ist auch heute zu finden, die Wirklichkeit wie die Legende, und das buchstäblich von China bis Peru. Wie die militärischen Ressourcen des Banditen sind auch die des Guerillakämpfers immer die naheliegendsten: Die Grundbewaffnung unterstützt gründliches Wissen über schwieriges und unzugängliches Gelände, Beweglichkeit, überlegene körperliche Ausdauer, aber vor allem die Entschlossenheit, nicht nach den Regeln des Feindes zu kämpfen, die lauten: Konzentration aller Kräfte und direkte Konfrontation. Der größte Vorteil des Guerillakämpfers ist jedoch nichtmilitärischer Natur, und ohne ihn ist er hilflos: Er muss die aktive und passive Sympathie und Unterstützung der örtlichen Bevölkerung haben. Jeder Robin Hood, der sie verliert, ist tot, und das gilt auch für Guerillakämpfer. Alle Lehrbücher des Guerillakriegs verweisen nachdrücklich darauf, und es ist das Einzige, was der militärische »Anti-Guerilla«-Unterricht nicht lehren kann.

Der Hauptunterschied zwischen der uralten und in den meisten bäuerlichen Gesellschaften verbreiteten Vorgehensweise von Banditen und der modernen Guerilla besteht darin, dass der sozialkritische Bandit vom Typ Robin Hood äußerst bescheidene und eingeschränkte militärische Ziele (und normalerweise nur eine sehr kleine und bodenständige Streitmacht) hat. Der wirkliche Test für eine Guerillagruppe kommt, wenn sie sich so ehrgeizige Ziele wie den Umsturz eines politischen Regimes oder die Vertreibung einer regulären Besatzungsarmee steckt, vor allem wenn dies nicht in einem entlegenen Winkel des betroffenen Landes (des »befreiten Gebiets«), sondern auf dem gesamten staatlichen Territorium geschehen soll. Bis zum Anfang des 20. Jahrhunderts unterzogen sich diesem Test nur wenige Guerillabewegungen; sie operierten in unzugänglichen Randgebieten – am häufigsten im Bergland – oder leisteten nur verhältnismäßig primitiven und unfähigen einheimischen oder ausländischen Regierungen Widerstand. Guerillakämpfe haben zwar gelegentlich eine wichtige Rolle in großen modernen Kriegen gespielt, wenn entweder die Umstände besonders günstig waren, wie 1809 beim Volkskrieg der Tiroler gegen die Franzosen, oder auch als Hilfstruppen für reguläre Streitkräfte, wie während der Napoleonischen Kriege oder in Spanien und Russland im 20. Jahrhundert. Doch im Grunde waren sie nie mehr als ein lästiges Ärgernis (in Süditalien zum Beispiel machten sie Napoleons Franzosen nie ernsthafte

Schwierigkeiten). Das mag einer der Gründe sein, warum sich Militärtheoretiker bis zum 20. Jahrhundert kaum mit ihnen befasst haben. Ein anderer Grund, der vielleicht erklärt, weshalb selbst Soldaten der Revolution sich kaum für sie interessierten, könnte sein, dass praktisch alle erfolgreichen Guerillas ideologisch konservativ ausgerichtet waren, auch wenn sie gegen die bestehende Gesellschaftsordnung rebellierten. Nur wenig Bauern waren zu linken politischen Anschauungen bekehrt worden oder folgten linken politischen Führern.

Das Neue am modernen Guerillakrieg ist deshalb nicht in erster Linie militärischer Natur. Die heutigen Guerillakämpfer haben vielleicht eine bessere Ausrüstung zur Verfügung, aber sie sind noch immer viel schlechter bewaffnet als ihre Gegner. Bis zur Endphase des Guerillakriegs, wenn die Guerillatruppen zur Armee werden und ihren Feinden möglicherweise im offenen Kampf begegnen und sie besiegen, enthalten die rein militärischen Überlegungen von Mao, Vo Nguyen Giap, Che Guevara oder anderen in ihren Handbüchern des Guerillakriegs nichts, was ein traditioneller *guerillero* oder Anführer nicht ganz vernünftig fände.

Das Neue am Guerillakrieg ist politischer Natur, und es hat zwei Aspekte. Erstens kann sich heute die Guerillaarmee häufiger auf die Unterstützung der Bevölkerung verlassen, und das in ganz unterschiedlichen Teilen des Landes. Zum Teil liegt das daran, dass sie an die gemeinsamen Interessen der Armen gegenüber den Reichen, der Unterdrückten gegenüber der Regierung appelliert; andererseits spricht sie auch nationalistische Gefühle an und nutzt den Hass gegen ausländische Besatzer für sich aus. Wieder ist es nur ein Märchen der Militärexperten, dass Bauern »nur in Ruhe gelassen werden« wollten. Das wollen sie nicht.

Denn wenn sie keine Nahrung haben, wollen sie Nahrung; wenn sie kein Land haben, wollen sie Land, wenn sie von Funktionären aus einer fernen Hauptstadt betrogen werden, wollen sie diese loswerden. Man sollte hinzufügen, dass ein wirkungsvoller Guerillakrieg überhaupt nur in Ländern möglich ist, in denen tatsächlich ein hoher Prozentsatz der ländlichen Bevölkerung überall im Land angesprochen und gewonnen werden kann.

Ebenfalls politisch neu ist am Guerillakrieg die Nationalisierung nicht nur der Unterstützung für die Guerillas, sondern auch der Guerillaarmee selbst, und zwar durch Parteien und Bewegungen von nationaler, manchmal auch internationaler Reichweite. Die Partisanenzelle ist nicht länger ein völlig lokales Phänomen; sie ist eine Gruppe von stehenden, beweglichen Kadern, um die sich die örtliche Streitmacht formiert. Die Kader verbinden sie mit anderen Zellen zu einer »Guerillaarmee«, die zu einer landesweiten Strategie und zur eigenen Umformung in eine »echte« Armee fähig ist.

Der Großteil jeder erfolgreichen Guerillaarmee besteht in der Regel aus einheimischen Männern oder aus Söldnern, die früher einmal als einheimische Männer rekrutiert wurden, und wie Che Guevara wusste, sind die sich daraus ergebenden militärischen Vorteile ungeheuer: Der einheimische Mann hat »seine Freunde, an die er einen persönlichen Hilferuf richten kann; er kennt das Gelände und alles, was vermutlich in der Region passieren wird, und er besitzt den besonderen Eifer eines Mannes, der sein eigenes Haus verteidigt«.

Bettine von Arnim

Bettine von Arnim begeisterte sich für das Tiroler Volk, welches 1809 gegen Napoleons Universalmonarchie aufbegehrt hatte. In ihrem ›Goethebuch‹ (1835) nahmen die patriotischen Bekenntnisse derart breiten Raum ein, dass ihr Bruder Clemens Brentano bei Erscheinen boshaft glossierte: »Die Tiroler werden dir auch nächstens eine Jodelgesandtschaft schicken!« Der Rezensent des *Literarischen Zodiacus* urteilte da ganz anders – was hier ausführlich zitiert werden soll:

> Es liegt eine herzschneidende Ironie darin, dass der Patriarch von Weimar *Die Wahlverwandtschaften*, diesen Aristokratenroman, im Jahre 1809, im Tirolerjahre schreiben musste, während er hinter den Bergen, auf deren Spitzen die Wetterfahne des Aufruhrs wehte, die deutsche Canaille für die Sache deutscher Freiheit bluten sah; er sah nicht mehr, was die Adern des Volkes blutigrot durchfieberte, er entwand sich »diesen verschlingenden Zeitverhältnissen« mit höfischer Aristokratenkälte. Schiller war tot und es war niemand da, der den Dichter Goethe, welcher sich jetzt völlig mit dem Minister Goethe identifizierte, mit dem Menschen, dem Deutschen in ihm, verbrüderte. Das einzige Wesen, das an sein erkaltetes Herz schlug, war ein Mädchen, Bettine, das glühende, verzückte Kind der Natur. Sie verstand den Hofer und den Speckbacher, sie zitterte für die Helden der Unschuld, ihre Wangen schlug der Purpur begeisterter Liebe, wenn sie an die Feuer der Freiheit dachte, die auf den Alpen loderten. Dass aber in den Tiroler Bergen so etwas geschehen, der größte deutsche Dichter gleichzeitig so etwas (wie jenen Aristokratenroman) schreiben konnte, das ist ein Faktum deutscher Entwicklungsgeschichte, das hat einen Riss gemacht, an dem wir zu flicken haben. Bettine von Arnim hatte eine Art instinktartiges Bewusstsein, als sie 1809 in München war und die herzklopfenden Jubelbriefe nach Weimar schrieb. Sie fühlte etwas davon, dass aus dem größten deutschen Poeten mehr

ein Hofdichter als ein Nationaldichter geworden sei. Dass ein Herzog ihm seine Freundschaft bot, hatte den Frankfurter Bürger so betäubt, dass er gar nicht umhin konnte, auch dessen Hofmann zu werden. Hätte er seinen *Wilhelm Meister* aus dem Komödiantentrödel und der aristokratischen Logencoterie hinausjagen können in die freie Luft des Völkerlebens, um ihn im praktischen Getümmel einer Nationalsache zum Manne reifen zu lassen, hätte er ihn, wie es Bettine in der fliegenden Hitze ihrer zitternden Begeisterung dem Dichter vorhielt, auch nur in die Tiroler Berge zu schicken vermocht, um ihn für Völkerglück jubeln und bluten zu lassen: dann stände nicht zwischen deutscher Dichtung und deutscher Nationalentwickelung die ungemessene Kluft da, über die wir verzweifelnde Kinder der Jetztwelt eine Brücke schlagen müssen. Da liegt das Gebrochene unserer Zustände, da liegt unser ganzes Unglück. Die kleine Bettine hat das so kindisch und so richtig gefühlt, wie keiner. Aber das törichte Mädchen hat dem großen Dichter zu viel zugemutet; dem großen Dichter fehlte aller Sinn für weltgeschichtliche Bewegung, ihm war der Glaube versagt an freie Staatenentwicklung.

In dieser Perspektive lag das Weltgeschichtliche (für das sich der Geheimrat Goethe so gar nicht erwärmte) in den leidenschaftlichen Gefühlen der Tiroler für ›Ehre‹ und ›Vaterland‹; sie sollten Vorbild sein für die Bewohner der deutschen Einzelstaaten, um sie zu einem ›Volk‹ zu vereinen, das der revolutionären ›Masse‹ der Franzosen überlegen war. Aber kommen wir zurück auf das »törichte Mädchen und den großen Dichter«. Ihn lässt Bettine von Arnim im Antwortschreiben patriotisches Süßholz raspeln.

An Goethe

Landshut, den 10. März 1810

Ach, lieber Goethe! Deine Zeilen kamen mir zu rechter Stunde, da ich eben nicht wusste, wohin mit aller Verzweiflung; zum ersten Mal hab ich die Weltbegebenheiten verfolgt, mit großer Treue für die Helden, die ihr Heiligtum verfochten. Dem Hofer war ich nachgegangen auf jeder Spur. Wie oft hat er nach des Tages Last und Hitze sich in der späten Nacht noch in die einsamen Berge verborgen und mit seinem reinen Gewissen beratschlagt! Und dieser dann, dessen Seele, frei von bösen Fehlen, offen vor jedem lag, als ein Beispiel von Unschuld und Heldentum, hat nun endlich am 20. Februar zur Bestätigung seines großen Schicksals den Tod erlitten. Wie konnt es anders kommen, sollte er die Schmach mittragen?

Das konnt nicht sein. So hat es Gott am besten gemacht, dass er nach kurzer Pause, seit dieser verklärenden Vaterlandsbegeisterung, mit großer Kraft und Selbstbewusstsein, und nicht gegen sein Schicksal klagend, seinem armen Vaterland auf ewig entrissen ward. Vierzehn Tage lag er gefangen in dem Kerker bei Porta Molina, mit vielen andern Tirolern. Sein Todesurteil vernahm er gelassen und unerschüttert. Abschied ließ man ihn von seinen geliebten Landsleuten nicht nehmen. Den Jammer und das Heulen der eingesperrten Tiroler übertönte die Trommel. Er schickte ihnen durch den Priester sein letztes Geld und ließ ihnen sagen: Er gehe getrost in den Tod und erwarte, dass ihr Gebet ihn hinüber begleite.

Als er an ihren Kerkertüren vorbeischritt, lagen sie alle auf den Knien, beteten und weinten. Auf dem Richtplatz sagte er: Er stehe vor dem, der ihn erschaffen, und stehend

»Den Jammer und das Heulen der eingesperrten Tiroler übertönte die Trommel.«

wolle er ihm seinen Geist übergeben. Ein Geldstück, was unter seiner Administration geprägt war, übergab er dem Korporal, mit dem Bedeuten: »Es solle Zeugnis geben, dass er sich noch in der letzten Stunde an sein armes Vaterland mit allen Banden der Treue gefesselt fühle«. Dann rief er: »Gebt Feuer!«.

Sie schossen schlecht; zweimal nacheinander gaben sie Feuer, erst zum dritten Mal machte der Korporal, der die Exekution leitete, mit dem dreizehnten Schuss seinem Leben ein Ende.

Ich muss meinen Brief schließen, was könnte ich dir noch schreiben? Die ganze Welt hat ihre Farbe für mich verloren. Ein großer Mann sei Napoleon, so sagen hier alle Leute. Ja, äußerlich; aber dieser äußern Größe opfert er alles, was seine unplanetarische Laufbahn durchkreuzt. Unser Hofer, innerlich groß, ein heiliger deutscher Charakter, wenn Napoleon ihn geschützt hätte, dann wollt ich ihn auch groß nennen. Und der Kaiser, konnte der nicht sagen, gib mir meinen Tiroler Helden, so geb ich Dir meine Tochter? So hätte die Geschichte groß genannt, was jetzt sie klein nennen muss.

Adieu! Dass du mein Tagebuch zum Tempel einer indischen Gottheit erhebst, ist Prädestination. Von jenen lichten Waldungen des Äthers, von Sonnenwohnungen, vom vielgestaltigen Dunkel und einer bildlosen Klarheit, in der die tiefe Seele lebt und atmet, habe ich oft schon geträumt.

Bettine

An Bettine

19. März 1810

Liebe Bettine, es ist mir ein unerlässlich Bedürfnis, deiner patriotischen Trauer ein paar Worte der Teilnahme zuzurufen und dir zu bekennen, wie sehr ich mich von deinen Gesinnungen mit ergriffen fühle. Lasse dir nur das Leben mit seinen eigensinnigen Wendungen nicht allzusehr verleiden. Durch solche Ereignisse sich durchzukämpfen ist freilich schwer, besonders mit einem Charakter, der so viel Ansprüche und Hoffnungen auf ein idealisches Dasein hat wie du.

Indem ich nun deinen letzten Brief zu den andern lege, so finde ich abermals mit diesem eine interessante Epoche abgeschlossen. Durch einen lieblichen Irrgarten zwischen philosophischen, historischen und musikalischen Ansichten hast du mich zu dem Tempel des Mars geleitet, und überall behauptet sich deine gesunde Energie. Habe den herzlichsten Dank dafür und lasse mich noch ferner der Eingeweihte deiner innern Welt sein, und sei gewiss, dass die Treue und Liebe, die dir dafür gebührt, im Stillen gezollt wird.

Goethe

Franz Grillparzer

Die Ereignisse 1809 in der Hauptstadt Wien, wo Napoleon am 15. August seinen vierzigsten Geburtstag feierte, schildert Franz Grillparzer aus persönlicher Perspektive in seiner *Selbstbiografie*. Was das Historische betrifft: Grillparzer schreibt vom Frieden von Pressburg, meint aber tatsächlich jenen von Schönbrunn vom 14. Oktober 1809, durch den Österreich Salzburg, Tirol, das Innviertel, Westgalizien, einen Teil Ostgaliziens und seine adriatischen Küstenländer verlor. Grillparzers Vater stirbt einen Monat später, am 10. November 1809.

Tod des Vaters 1809

Die Voraussagung unsers Arztes Closset: mein Vater könne bei gehöriger Diät noch viele Jahre leben, hatte sich ohne seine Schuld nicht bewährt. Mein Vater zwar ließ es an Diät nicht fehlen, aber die Zeitumstände beschleunigten den Lauf seiner Krankheit. Als wir unsere neue Wohnung bezogen, hatte er, damals noch in ungeschwächter Gesundheit, den bedeutendsten Teil seines Ersparten auf Herstellung und Einrichtung derselben verwendet. Da wurden Türen vermauert und neue durchgebrochen, Parketten gelegt, Tapeten gezogen und seidene Möbel angeschafft, was um so sonderbarer war, da uns niemand besuchte, aber es schien einmal der Grundsatz meines Vaters, alles, was er machte, vollständig zu tun. Ein ungetreuer Sollizitator hatte ihn um eine namhafte Summe betrogen. Dazu kamen nun die Kriegsläufte des Jahres 1809, die verlornen Schlachten, die Beschießung der Stadt, der Einzug der Franzosen in Wien, die Stockung der Geschäfte, die Einquartierung, die Kriegssteuern und Kontributionen, vor allem aber sein vaterländisches Herz, das unter allen diesen Erniedrigungen unendlich litt. Ich hatte mich bei der Belagerung von dem Studentenkorps nicht ausschließen können, das einen Teil der Festungsmauern besetzte. Als nun in der Nacht die Geschütze unausgesetzt donnerten, die Granaten sich in der Luft kreuzten und die Stadt an mehreren Orten brannte, wusste mein Vater, der mich all diesen Kugeln ausgesetzt glaubte, seiner Unruhe kein Ende. Am nächsten Morgen, nach Übergabe der Stadt, erschien meine Mutter, unter andern Angehörigen anderer, weinend auf der Bastei und beschwor mich, doch sogleich nach Hause zu kommen und meinen Vater von meinem Leben zu überzeugen. Er empfing mich ganz kalt, ja es war, als ob er einen Teil seines Unwillens auf mich übertrüge.

Was meine eigene Haltung während der Beschießung betrifft, so war sie nicht besonders mutig, aber auch nicht furchtsam. Ich ließ eben die Dinge gewähren. In den letztverflossenen Tagen, als wir mit unsern Feldzeichen auf den Hüten in den Straßen herumgingen, fühlte ich sogar Anwandlungen von Heldenmut. Dieser Aufschwung wurde jedoch ziemlich herabgedrückt, als jemand die »unwahre« Nachricht mitteilte, die französischen Kürassiere trügen nach neuer Einrichtung außer den Harnischen auch Armschienen. Dieser an sich gleichgültige Umstand machte einen höchst ungünstigen Eindruck auf meine Phantasie.

Am entscheidenden Tage selbst führte man uns mit einbrechender Nacht auf die Basteien und kündigte uns das bevorstehende Bombardement an. Da war denn allerdings ein gewisses Schwanken in unsern Reihen sichtbar, das nicht vermindert wurde, als die ersten Brandkugeln hart ober unsern Häuptern in die Dachfenster des hinter uns befindlichen Palastes des Herzogs Albert von Sachsen-Teschen hineinfuhren. Nachdem aber später die Franzosen – wie wir glaubten aus Ungeschicklichkeit, da wir unsere Personen für ihr einziges Ziel hielten – ihre Würfe höher richteten und die Kugeln weit von uns weg fielen, verbesserte sich unsere Stimmung sichtlich. Die in der Stadt entstehenden Feuersbrünste, von denen wir nur den Widerschein in den Wolken sehen konnten, hielten wir für das Aufgehen des Mondes und freuten uns, bald die ganze Szene überblicken zu können. Die von dem Flackern der Flammen bewegten Schatten sämtlicher Stangen und Pflöcke im Stadtgraben schienen uns ebenso viel wandelnde Franzosen zu sein, und wir gaben, da wir uns eine Belagerung ohne Sturmlaufen gar nicht denken konnten, wiederholte Salven aus unsern Musketen, wodurch die auf einem niederern Parapet unter uns aufgestellten Landwehrsoldaten in augenscheinliche Lebensgefahr gerieten. Ich machte das alles mit, mit Ausnahme der Furcht. Dennoch, als mein Nebenmann und Mitschüler, ein sonst höchst stiller und ruhiger junger Mensch, mit Heftigkeit verlangte, außer den Mauern dem Feinde im freien Felde entgegengeführt zu werden, bemerkte ich nicht ohne Bedächtlichkeit, wie es ein Unsinn wäre, ungeübte Truppen gleich uns, einem kriegserfahrnen Feinde gleich auf gleich gegenüber zu stellen. Die Nachricht von der Übergabe der Stadt erfüllte uns mit Unwillen. Ich machte dem meinigen durch einen nur halb gefühlten Ausfall gegen unsere Bürgerschaft Luft, denen ihre Dächer lieber seien als ihre Ehre, ein Wort, das sogleich von unserm Anführer, einem bildhübschen jungen Kavalerie-Offizier, mit dem Arm in der Binde, aufgegriffen wurde und die ganze Kompagnie wiederholte. Im Grunde aber waren wir alle froh, wieder nach Hause zu kommen, um so mehr als wir seit sechzehn oder achtzehn Stunden nichts gegessen hatten.

Alle diese Dinge, wozu noch ökonomische Verlegenheiten kamen, griffen die Gesundheit meines Vaters ungeheuer an. Ich besitze noch sein Einschreibbuch, in das er Einnahmen und Ausgaben allmonatlich eintrug. Während die Ausgaben mit den steigenden Preisen fortwährend wuchsen, fielen die Einnahmen stufenweise bis zum Unbedeutenden herab, bis er in den letzten Monaten mit unsicherer Hand »Nihil« einschrieb. Er musste sogar ein Darlehen aufnehmen, er, für den ›Schuldenmacher‹ und ›Dieb‹ gleichbedeutende Worte waren.

Die Stadt vom Feinde besetzt zu wissen war ihm ein Gräuel, und jeder ihm begegnende Franzose ein Dolchstich. Und doch gieng er gegen seine Gewohnheit jeden Abend in den Straßen spazieren, aber nur um bei jedem Zwist zwischen Franzosen und Bürgern die Partei des Landsmannes zu nehmen und ihm gegen den Fremden beizustehen. Die Schlacht von Aspern war Öl in seine Lampe, die von Wagram machte freilich allen Hoffnungen ein Ende, was denn auch in dem Herabkommen seines Körperzustandes nur allzu sichtbar war.

Ich selbst war kein geringerer Franzosenfeind als mein Vater, und dem ungeachtet zog Napoleon mich mit magischer Gewalt an. Mit dem Hass im Herzen und zu aller Zeit kein Liebhaber von militärischem Schaugepränge, versäumte ich doch keine seiner Musterungen in Schönbrunn und auf dem Felde der sogenannten Schmelz. Noch sehe ich ihn die Freitreppe des Schönbrunner Schlosses mehr herablaufen als gehen, die beiden Kronprinzen von Bayern und Württemberg als Adjutanten hinter sich, und nun mit auf dem Rücken gefalteten Händen eisern dastehen, seine vorüberziehenden Gewalthaufen mit den unbewegten Blicken des Meisters überschauend. Seine Gestalt ist mir noch jetzt gegenwärtig, seine Züge haben sich leider mit den vielen gesehenen Porträten vermengt. Er bezauberte mich wie die Schlange den Vogel. Mein Vater mochte mit diesen unpatriotischen Exkursionen wenig zufrieden sein, doch verbot er sie nie.

Nun kam der entscheidende Moment: der Abschluss des Pressburger Friedens. Er war damals schon genötigt, den größten Teil des Tages das Bette zu hüten. Wir verbargen ihm das Ereignis nach Möglichkeit. Er mochte aber doch Kunde davon erhalten haben, denn im höchsten Zorne befahl er mir, ihm augenblicklich ein Exemplar des gedruckten Traktates zu verschaffen, durch den bekanntlich ein Dritteil der Monarchie an Frankreich abgetreten wurde. Er las die Druckschrift ganz durch, legte sie dann von sich und kehrte sich gegen die Wand. Von da an hat er kaum mehr ein Wort gesprochen. Nur als ich an einem der folgenden Tage von einer dunkeln Ahnung eines baldigen Endes ergriffen, an seinem Bette auf die Knie sank und seine Hand weinend küsste, sagte er: »Nun ists zu spät!« – womit er denn doch wohl andeuten wollte, dass er mit meinem Wesen und Treiben nicht völlig zufrieden sei.

Desselben Tages saßen wir mittags bei Tische, und zwar, seinem Wunsche gemäß, in dem Zimmer, in dem er lag. Da tat er ein paar stärkere Atemzüge. Wir sprangen auf und eilten hinzu, er aber war tot.

Johann Peter Hebel

»Während der furchtbaren Kriegsstürme um und um stand die Schweizer Eidgenossenschaft ruhig und fest wie ihre Berge«, schreibt Johann Peter Hebel in folgender Kalendergeschichte. Das andere Gebirgsvolk, die Tiroler, kam bei ihm nicht so gut weg – das zeigt die daran anschließende. (Hebel hielt es eher mit Goethe.) Dazu schrieb Walter Benjamin in einem Essay über den Rheinischen Hausfreund: »Dieser lammfromme Verfasser von Dialektgedichten und Katechismen zeigt noch heute den Schulmeistern seinen Pferdefuß im Andreas Hofer, der am Schluss des Schatzkästlein von 1827 steht. Da wird das Unternehmen des Tiroler Aufstandes streng, ja sarkastisch besprochen ... In Wahrheit spricht aus ihm nur der unverbrüchliche Respekt vor Machtverhältnissen, denen gegenüber Naivität am allerwenigsten in moralischen Dingen erlaubt ist.«

Zustand von Europa im August 1810

Östreich ruht jetzt im Frieden aus von den Wunden des letzten schrecklichen Kriegs, der vom Rhein bis nach Wien und von Italien bis ins Ungarland hinein gewütet hatte. Eine Tochter des österreichischen Kaisers Franz ist jetzt die Gemahlin des Kaisers Napoleon, und frisch von den blutigen Schlachten weg erfolgte eine lange Reihe von Feier- und Freudentagen von Wien bis nach Paris und vom März bis an den Julius. Aber am letzten Freudentag in Paris geriet der Tanzsaal, in welchem mehr als 1.200 Menschen beisammen waren, plötzlich in Brand und viele Menschen verunglückten. In Spanien und Portugal dauert der böse Krieg mit den Rebellen und Engländern bis jetzt noch fort, und England ist noch immer mit Wasser umgeben. Dafür sind alle Seehäfen des festen Landes seinen Schiffen verschlossen und englische Ware ist Kontreband, wo der Franzos sie findet. Der römische Papst lebt in der Stille, seine Fürstentümer gehören jetzt zur französischen Monarchie, und Rom ist die zweite Stadt des Reichs. Im Königreich Neapel stehen die Napolitaner und Franzosen und jenseits über der Meerenge in Sizilien die Engländer in feindlicher Rüstung. Aber bis in die Mitte des Augusts hat man nicht gehört, dass etwas vorgefallen sei.

Während der furchtbaren Kriegsstürme um und um stand die Schweizer Eidgenossenschaft ruhig und fest wie ihre Berge, und es ist ihr kein Verdruss, dass man nicht viel von ihr zu erzählen hat. In Deutschland ist unter anderm das neue Großherzogtum Frankfurt aufgerichtet worden. Der ehemalige Fürst-Primas ist Großherzog. Aber nach seinem Tod soll's erben der Vizekönig von Italien. Mit ein paar andern Veränderungen war's noch nicht im Reinen. Der König von Holland legte seine Krone freiwillig für seinen Sohn nieder. Aber der Kaiser Napoleon sagte Nein, vereinigte das Königreich Holland auch mit der französischen Monarchie, und Amsterdam ist jetzt die dritte Stadt des Reichs. Von Dänemark weiß man auch nicht viel zu sagen, aber in Schweden ist der neue Kronprinz plötzlich des Todes verblichen, und man will nicht recht mit der Sprache heraus, an was. Aber als sein Leichnam nach Stockholm gebracht wurde, entstand unversehens ein Aufruhr, und der schwedische Graf Fersen wurde zu Tod gesteinigt.

Die Russen endlich und die Türken führten bisher miteinander Krieg, auf dass die Händel nicht ausgehen. Doch sollen die Russen nicht aus allen Schlachten Lorbeere heimgebracht haben. Nein, der Türke wehrt sich um seine Haut, und die Engländer sind auch hier in dem Spiel. So standen die Sachen im August des Jahres 1810, als der letzte Bogen dieses Kalenders gedruckt wurde. Wie es übers Jahr um diese Zeit aussehen wird, will der Hausfreund für sich behalten, damit die Leute das Vergnügen haben, es selber zu erleben. Sonst könnt' er's so gut voraussagen als das Wetter.

Andreas Hofer

Als im letzten Krieg die Franzosen und Östreicher in der Nachbarschaft von Tirol alle Hände voll miteinander zu tun hatten, dachten die Tiroler: Im Trüben ist gut fischen. Sie wollten nimmer bayrisch sein. Viel Köpfe, viele Sinne, manchmal gar keiner. Sie wussten zuletzt selber nimmer recht, was sie wollten. Unterdessen läuteten in allen Tälern die Sturmglocken. Von allen Bergen herab kamen die Schützen mit ihren Stutzen. Jung und alt, Mann und Weib griff zu den Waffen. Die Bayern und Franzosen hatten harten Stand; besonders in den engen Pässen, wenn Felsenstücke wie Sauerkrautstauden und Schweinställe so groß auf sie herabflogen. Bald glücklich, bald unglücklich in ihren Gefechten, nahmen die Rebellen bald Innsbruck ein, die Hauptstadt in Tirol, bald mussten sie sie wieder verlassen, bekamen sie wieder und konnten sie doch nicht behalten. Ungeheure Grausamkeiten wurden verübt, nicht nur an den bayerischen Beamten und Untertanen, nein, auch an den eigenen Landsleuten; Vogel friss oder stirb. Wer nicht mitmachen wollte, war des Lebens nicht sicher. Endlich, als manches schöne Dorf und Städtlein in der Asche lag, mancher wohlhabende Mann war ein Bettler, mancher Leichtsinnige und

»... einige Tollköpfe wollten lieber zuerst ein wenig erschossen sein.«

Rasende verlor das Leben; jedes Dorf, fast jedes Haus hatte seine Leichen, seine Wunden und seinen Jammer, da dachten sie zuletzt, es sei doch besser bayerisch sein, als sie im Anfang gemeint hatten, und unterwarfen sich wieder. Unversucht schmeckt nicht. Nur einige Tollköpfe wollten lieber zuerst ein wenig erschossen oder gehenkt sein; zum Beispiel der Andreas Hofer.

Andreas Hofer, Sandwirt in Passeier und Viehhändler, hatte bis über sein 40stes Jahr, bis der Aufstand ausbrach, schon manch Schöpplein Wein ausgeschenkt, manch Stücklein Kreide an bösen Schulden verschrieben und schätzen konnte er ein Häuptlein Vieh trotz einem. Aber im Aufstand brachte er es zum Kommandanten, nicht bloß von einem Städtlein oder Tal, nein, von der ganzen gefürsteten Grafschaft Tirol, und nahm sein Quartier nicht nur in einem Pfarrhof oder etwa in einem Amtshaus, sondern in dem großen Fürstlichen Residenzschloss zu Innsbruck. An fünfzigtausend Mann Landsturm stand in kurzer Zeit unter seinem Befehl. Wer keine Flinte hatte, präsentierte das Gewehr mit der Heugabel. Was verordnet und ausgefertigt wurde, stand Andreas Hofer darunter, das galt. Sein geheimer Kriegsminister war ein geistlicher Herr, Pater Joachim genannt, sein Adjutant war der Kronenwirt von Bludenz, sein Schreiber ein entlaufener Student. Unter seiner Regierung wurden für dreißigtausend Gulden eigene Zwanzigkreuzerstücke für Tirol geprägt, der Hausfreund hat auch einen Hut voll davon. Ja, er legte eine eigene Stückgießerei an, aber wie? Die Kanonen wurden aus Holz gebohrt und mit starken eisernen Ringen umlegt. Item, es tat gut, nur nicht dem, den's traf. In Innsbruck ließ er sich gut auftragen. Selber essen macht fett. Er sagte: »Ich bin lang genug Wirt gewesen. Jetzt will ich auch einmal Gast sein.« Bei dem allem änderte er seine Kleidertracht nie. Er ging einher wie ein gemeiner Tiroler und trug einen Bart, so lang das Haar wachsen mochte. Nur im roten Gürtel trug er ein Paar Terzerolen und auf dem grünen Hut eine hohe Reiherfeder und neben seinen schweren Regierungsgeschäften trieb er den Viehhandel fort wie vorher. Jetzt schickte er einen Adjutanten mit Befehlen an die Armee ab, jetzt kam ein Metzger: »Wie teuer die vier Stieren, die Ihr bei eurem Schwager eingestellt habt?« Sonst war er kein ganz roher Mann: Viel Unglück hat er verhütet, wo er wehren konnte. Einem gefangenen Offizier sagte er: »Morgen werdet Ihr erschossen.« Den andern Tag sagte er: »Ich habe gehört, dass Ihr ein braver Mann seid; ich will Euch einen Pass geben, dass Ihr heim könnt.« Aber größer war das Unglück, das er durch seine Hartnäckigkeit gegen alle Einladungen zum Frieden und durch seine Treulosigkeit verursachte. Jetzt schrieb er an das bayerische Kommando: »Wir wollen uns unterwerfen und bitten um Gnad. Andere Hofer, Oberkommedant in Diroll gewöster.« Zugleich schrieb er an den Adjutant Kronenwirt: »Wehrt euch, solang ihr könnt. Trifft's nicht, so gilt's nicht.«

Als sich aber endlich das verblendete Volk der angebotenen Gnade seines großmütigen Königs unterwarf und alle, welche sich nachher mit den Waffen des Aufruhrs noch blicken ließen, gehenkt wurden, mancher Baum trug solch ein Früchtlein, da war Andreas Hofer nicht daheim zu finden und an keinem Baum; und es hieß, er sei ein wenig spazieren gegangen über die Grenzen. Den Willen dazu mag er gehabt haben in seiner armen hölzernen Hirtenhütte auf einem hohen Berg im hintersten Passeier Tal, wo er mit seinem Schreiber verborgen lag und mit 6 Fuß hohem Schnee verschanzt war. Sein Haus und sein Vermögen war von den wütenden Bauern geplündert. Dürftige Nahrung verschaffte ihm von Zeit zu Zeit seine Frau, die jetzt selber mit ihren fünf Kindern von fremden Wohltaten lebt. Da sah es anders aus als in der Burg zu Innsbruck. Schlimmers Quartier wartete auf ihn. Einer von seinen guten Freunden verriet für Geld seinen Aufenthalt. Ein französisches Kommando umringte seine Hütte und nahm ihn gefangen. Man fand bei ihm vier geladene Kugelbüchsen, viel Geld, wenig Nahrung. Er selbst war von Mangel, Kummer und Angst abgezehrt. So wurde er von einer starken militärischen Begleitung unter Trommelschlag durch das Land nach Italien, nach Mantua ins Gefängnis gebracht und daselbst erschossen. In solchen Wassern fangt man solche Fische.

Vorgetan und nachbedacht hat manchen in groß Leid gebracht.

Heinrich Heine

1828 reiste Heine via Tirol nach Italien, worüber seine 1826–1831 entstandenen *Reisebilder* im frechen Ton, der die Zensur nicht scheut, Auskunft geben. Die folgende Stelle daraus illustriert Heines publizistisch-literarische Auseinandersetzung mit dem Metternich-Regime in Österreich. Dieses sah Andreas Hofer weniger als nationalen Kämpfer gegen die Franzosen denn als eigenmächtigen Exponenten des Volkswillens, der die Botmäßigkeit gegen den Kaiser verletzt hatte. Lieder auf Hofer und Dramatisierungen des Hofer-Stoffes wie jene von Karl Immermann aus 1826 blieben daher noch lange verboten.

Dichtung und Wahrheit

Es gibt einen Adler im deutschen Vaterlande, dessen Sonnenlied so gewaltig erklingt, dass es auch hier unten gehört wird und sogar die Nachtigallen aufhorchen, trotz all ihren melodischen Schmerzen. Das bist du, Karl Immermann, und deiner dacht ich gar oft in dem Lande, wovon du so schön gesungen. Wie konnte ich durch Tirol reisen, ohne an das *Trauerspiel* zu denken?

Nun freilich, ich habe die Dinge in anderer Färbung gesehen; aber ich bewundere doch den Dichter, der aus der Fülle des Gemütes dasjenige, was er nie gesehen hat, der Wirklichkeit so ähnlich schafft. Am meisten ergötzte mich, dass das *Trauerspiel in Tirol* in Tirol verboten ist. Ich gedachte der Worte, die mir mein Freund Moser schrieb, als er mir meldete, dass der zweite Band der *Reisebilder* verboten sei: »Die Regierung hätte aber das Buch gar nicht zu verbieten brauchen, es wäre dennoch gelesen worden.«

Zu Innsbruck im Goldenen Adler, wo Andreas Hofer logiert hatte und noch jede Ecke mit seinen Bildnissen und Erinnerungen an ihn beklebt ist, fragte ich den Wirt, Herrn Niederkirchner, ob er mir noch viel von dem Sandwirt erzählen könne? Da war der alte Mann überfließend von Redseligkeit und vertraute mir mit klugen Augenzwinken, dass jetzt die Geschichte auch ganz gedruckt heraus sei, aber auch ganz geheim verboten, und als er mich nach einem dunkeln Stübchen geführt, wo er seine Reliquien aus dem Tiroler Krieg aufbewahrt, wickelte er ein schmutzigblaues Papier von einem schon zerlesenen grünen Büchlein, das ich zu meiner Verwunderung als Immermanns *Trauerspiel in Tirol* erkannte. Ich sagte ihm, nicht ohne errötenden Stolz, der Mann, der es geschrieben, sei mein Freund. Herr Niederkirchner wollte nun so viel als möglich von dem Manne wissen, und ich sagte ihm, es sei ein gedienter Mann, von fester Statur, sehr ehrlich und sehr geschickt in Schreibsachen, so dass er nur wenige seinesgleichen finde. Dass er aber ein Preuße sei, wollte Herr Niederkirchner durchaus nicht glauben und rief mit mitleidigem Lächeln: »Warum nicht gar!« Er ließ sich nicht ausreden, dass der Immermann ein Tiroler sei und den Tiroler Krieg mitgemacht habe, – »wie könnte er sonst alles wissen?«

Seltsame Grille des Volkes! Es verlangt seine Geschichte aus der Hand des Dichters und nicht aus der Hand des Historikers. Es verlangt nicht den treuen Bericht nackter Tatsachen, sondern jene Tatsachen wieder aufgelöst in die ursprüngliche Poesie, woraus sie hervorgegangen. Das wissen die Dichter und nicht ohne geheime Schadenlust modeln sie willkürlich die Völkererinnerungen, vielleicht zur Verhöhnung stolztrockner Historiografen und pergamentener Staatsarchivare.

So sind auch in Immermanns *Trauerspiel* manche Außendinge ziemlich willkürlich geschaffen, aber der Held selbst, der Gefühlsmittelpunkt, ist identisch geträumt, und wenn diese Traumgestalt selbst träumerisch erscheint, so ist auch dieses der Wahrheit gemäß. Der Baron Hormayr, der hierin der kompetenteste Richter sein kann, hat mich, als ich jüngst das Vergnügen hatte, ihn zu sprechen, auf diesen Umstand aufmerksam gemacht. Das mystische Gemütsleben, die abergläubische Religiosität, das Epische des Mannes, hat Immermann ganz richtig angedeutet. Er gab ganz treu jene treue Taube, die, mit dem blanken Schwert im Schnabel, wie die kriegerische Liebe, über den Bergen Tirols so heldenmütig umherschwebte, bis die Kugeln von Mantua ihr treues Herz durchbohrten.

Was aber dem Dichter am meisten zur Ehre gereicht, ist die ebenso treue Schilderung des Gegners, aus welchem er keinen wütenden Gessler gemacht, um seinen Hofer desto mehr zu heben; wie dieser eine Taube mit dem Schwerte, so ist jener ein Adler mit dem Ölzweig.

Für die Geschichte von Tirol sind die Werke Joseph von Hormayrs unentbehrlich; für die neueste Geschichte ist er selbst die beste, oft die einzige Quelle. Er ist für Tirol was Johannes von Müller für die Schweiz ist; eine Parallele dieser beiden Historiker drängt sich uns von selbst auf. Sie sind gleichsam Wandnachbaren, beide in ihrer Jugend gleich begeistert für ihre Geburtsalpen, beide fleißig, forschsam, von historischer Denkweise und Gefühlsrichtung; Johannes von Müller, epischer gestimmt, den Geist wiegend in den Geschichten der Vergangenheit, Joseph von Hormayr, hastiger fühlend, mehr in die Gegenwart hineingerissen, uneigennützig das Leben wagend für das, was ihm lieb war.

JOSEPH FREIHERR VON HORMAYR.

K.K.Hofrath, des Leopoldordens Ritter, Historiograph des kaiserlichen Hauses, geboren zu Innsbruck am 20 Jänner 1781.

»Mit Joseph von Hormayrs Geschichte Andreas Hofer's *setzt der Mythos Tirols ein, des Landes* par excellence *für den biederen, feudalen habsburgischen Patriotismus.*«

Joseph von Hormayr

Der Schweizer Johannes von Müller, berühmter Verfasser der *Geschichte der schweizerischen Eidgenossenschaft*, war einer der großen publizistischen Hasser der Revolution und Napoleons. Im Jahr 1800 wurde er zum ersten Kustos der Wiener Hofbibliothek bestellt. Er war der Entdecker des Tirolers Joseph von Hormayr, des ersten Österreichhistorikers im Sinne der nationalen Romantik. Müller veranlasste Hormayr 1801 zur Übersiedlung von Innsbruck nach Wien. Dort entwickelte sich dieser zum Propagandisten des Krieges gegen Frankreich und Napoleon (der seinerseits ein Meister politischer Propaganda war). Als Intendant organisierte er 1809 die österreichische Verwaltung in Tirol. 1817 publizierte er die *Geschichte Andreas Hofer's Sandwirths aus Passeyr*, anonym und unter kräftigem Aufblasen der eigenen Rolle während des Volksaufstandes – bei gleichzeitiger Schmälerung jener des eigentlichen Titelhelden.

Insubordination und das mindeste Übel

Was ist nach allem dem natürlicher als die Frage: Wie denn dieser Mann zu einem solchen Ruf in der Welt, zu solchem Vertrauen seiner Landsleute gekommen, wie er das Bindungsmittel so ungleichartiger Kräfte, das Symbol jenes herrlichen Kampfes geworden sei, in welchem arme Landleute über treffliche Linientruppen die unerwartetsten Siege improvisierten, sich den ganzen Krieg hindurch unter den widrigsten Umständen behaupteten und nach dem Frieden, isoliert von Österreich, doch nicht bezwungen wurden, sondern unter sich selbst geteilt, besserer Zeiten gewärtig, auseinander gingen?

Hofers rührender Abschied als Abgeordneter seines Tales von dem geliebten Erzherzog Johann zu Brunecken am 4. November 1805, seine geheimnisvolle Reise nach Wien im Jänner 1809, seine damalige Unterredung mit eben diesem herrlichen Prinzen, die von ihm erfahrene Gunst, die überraschend glückliche Initiative, welche er der Insurrektion am 11. April 1809 gab, da er auf dem Sterzinger Moos eine starke Truppenabteilung zwang, sich ihm auf Diskretion zu ergeben, hatte die öffentliche Aufmerksamkeit gar sehr auf ihn gezogen. Aber die stufenweise Steigerung seiner Wichtigkeit war unstreitig das Werk der fortgesetzten Bemühungen Hormayrs, der gerade Hofer für das den äußern Umständen und Erfordernissen angemessenste Werkzeug hielt. Er hatte sich keinen Augenblick über die schweren Ansprüche, Mühseligkeiten und Gefahren des ihm anvertrauten Postens als Oberleiter der Landesadministration und Landesbewaffnung in Tirol und Vorarlberg getäuscht. Ihm selbst stand entgegen, zwar nicht unter dem Volke, doch unter den Perücken, dass er erst 28 Jahre zählte, bei manchem Scheelsüchtigen, der Prophet im Vaterlande.

Obgleich man ihm den Vorwurf gemacht hat, nur allzu sehr das ganze Arsenal demagogischer Künste geplündert zu haben, wozu seine historischen Studien und seine Einübung in die Biografie wesentlich vorgearbeitet hatten, fühlte er doch die Notwendigkeit, bei einer solchen Geschäftslast, auf dem Haupte eines der verschiedenen Anführer so viele Auszeichnungen, Rückerinnerungen und Mittel zu häufen, dass seine Popularität vorherrschend, dass er als Werkzeug oder Mittler bald aufzurufen, bald zu besänftigen, bald zu trennen, bald zu vereinigen, gleich geeignet sei, wie es die Umstände erheischen, wie man es ihm vorschreiben würde.

Die Meinungen im österreichischen Generalstabe waren darüber sehr geteilt, (und wir werden diesen Zwiespalt folgenreich und gefährlich genug wiederkehren sehen), ob in einem unglücklichen Falle (der bei Regensburg leider nur allzu frühe eintraf) das insurgierte Tirol als eine abgesonderte unabhängige Festung bis auf eine günstigere Wendung der Glückswürfel verteidigt oder aber die darin befindlichen Truppen wieder herausgezogen werden sollten, um die Hauptmasse der österreichischen Streitkräfte zu mehren, für welche die Behauptung Tirols doch immer nur ein Nebenzweck bleibe? In solchen Konflikten (besonders wenn, wie allzubald geschah, Mangel an allen Bedürfnissen und äußere Unglücksfälle hinzutraten) waren wohl die furchtbarsten Extreme zu gewärtigen. Überhaupt sind der Geist des Aufstandes, auch für die allerbeste Sache, und jener des Selbstwillens und der Insubordination ziemlich nahe verschwistert, aber bei der Wichtigkeit Tirols, bei der Unmöglichkeit, seine Streitkräfte zu zersplittern, war auf die Insurrektion als eine wesentliche Triebfeder gerechnet. Wer den Zweck will, muss auch die Mittel wollen.

Für solche Krisen durfte das Volk schlechterdings nicht in den Händen eines *Enragé* sein, umso schlimmer, je mehr Scharfblick, Schnellkraft und selbstständigen Ehrgeiz er besessen hätte. Gegen den schwachen, langsamen, kindlichen Hofer durfte man sicher sein, extreme Schritte entweder ganz zu vermeiden oder doch die Zeit zu gewinnen, ihnen zuvorzukommen, durch ihn auch die Gesinnungen, die Wünsche, die *arrière-pensées* der übrigen Häupter zu erforschen, und waren sie widrig, zu verzögern, zu lähmen, zu vereiteln. An objektiv Gutes war in einem solchen Gewirre nicht zu gedenken. Wie froh musste man nicht sein, die subjektiv genießbaren Brosamen aufzusammeln, die von dieser reichen Orgie abfielen? Ein praktischer Kopf konnte wohl keinen Augenblick etwas anders bezielen, als immer die klügste und schonendste Ausnahme von der Regel, als das mindeste Übel, und dazu war Hofer wohl der Beste.

Darum erkor ihn Hormayr vor allen, darum suchte er aus ihm täglich mehr einen furchtbaren Popanz für den Feind, einen Götzen für seine Landsleute zu bilden, darum vergötterte er ihn planmäßig immer mehr, dass endlich der gute Mann zu schwindeln, dass er endlich selber anfing, sich für etwas Außerordentliches, seine Gedanken nicht mehr so ganz für bloß irdisch zu halten, steif und fest an die Göttlichkeit seiner Sendung zu glauben, alle Anfragen durch ein paar unverständliche Worte voll tiefen, mystischen Sinnes, die seine Insuffizienz trefflich verbargen, ja vielmehr noch adelten, oder gar nur durch eine geheimnisreiche Gebärde zu beantworten, – und es gelang, und die Summe des Bösen ist wahrlich nicht gering, die dadurch abgewendet worden ist!

Claudio Magris

Hormayr war ein treuer Diener seines Herrn, des Kaisers Franz I. von Österreich. Indem er den Hofer-Mythos inszenierte, schuf er den »Prototyp des habsburgischen patriotischen Mythos«. So sieht es zumindest der Triestiner Germanist Claudio Magris, der diesen Habsburger-Mythos eingehend untersucht hat.

Joseph Freiherr von Hormayr zu Hortenburg

Dennoch muss man eine gewisse offizielle, lobpreisende und, wenn man so sagen darf, regierungsfreundliche Literatur berücksichtigen, die sich der Preisung der Zeiten des Kaisers Franz und der mittelmäßigen Tugenden seiner getreuesten Untertanen weiht. Solche Strömungen sind wegen ihres höfischen, oberflächlichen Charakters, der nichts Dichterisches enthält, selten von Bedeutung; es werden nur ein paar äußerliche, nebensächliche Aspekte der habsburgischen Kultur erfasst. Der grundkonservative, wohlmeinende Ton, den diese Literatur anschlägt, verrät nichts von jener ergreifenden, leidenschaftlichen Bindung an die alten, feststehenden und doch von der Zeit schon heimlich unterhöhlten Werte, oder von jenem sehnsuchtsvollen Sichanklammern an die Vergangenheit, die später das Widerspruchsvoll-Faszinierende der Donaukultur bilden. Immerhin sind es aber interessante literarische Zeugnisse, die geradezu das Brevier der traditionalistischen, würdevollen habsburgischen Ehrfurcht erkennen lassen.

War Sonnenfels der kulturelle Mittelpunkt der theresianisch-josephinischen Zeit, so fällt nunmehr eine ähnliche, wenngleich weit bescheidenere Funktion als Inspirator und

Patron der Dichtung des Joseph Freiherrn von Hormayr zu. Baron Hormayr zu Hortenburg war seit 1816 kaiserlicher Geschichtsschreiber und der unermüdliche Anreger einer patriotischen Literatur; in allen älteren und jüngeren Memoirenwerken suchte er Erbauung und Mahnung. Er verfasste selbst halb historische, halb politische Werke, Almanache und biografische Sammlungen, die viele zeitgenössische österreichische Dichter, darunter Grillparzer, inspirierten. Zwar ist sein Werk ohne künstlerische Bedeutung und gehört an und für sich nicht einmal der Literaturgeschichte an – obgleich es Teil der offiziellen oder halboffiziellen Publizistik ist –, doch hilft es zum Verständnis der kulturellen Atmosphäre seiner Zeit und dient gleichsam als literarisches Barometer. Überdies ist sein, wenn auch indirekter, Einfluss auf die Schriftsteller bezeichnend. Ein Werk ist vor allem wichtig, sowohl wegen seines Inhalts als auch wegen des darin herrschenden Geis-tes. Zumindest als kultureller Hintergrund und als Thema für eine (wenn auch nur rhetorische) literarische Inspiration ist es untrennbar mit dem habsburgischen patriotischen Kulturgut verbunden: Die *Geschichte Andreas Hofer's Sandwirths aus Passeyr, Oberanführers der Tyroler im Kriege von 1809*. In diesem Werk sind alle Elemente der patriotischen, traditionalistischen und heimatliebenden, patriarchalischen und feudalen Rhetorik vorhanden, die sich in der gigantischen und gutmütigen Gestalt des Tiroler Wirts verkörpern; dieser bleibt der Prototyp des habsburgischen patriotischen Mythos, der all die Tugenden Andreas Hofers aufweist: »Beschränkter Kreis seiner Anlagen ... biedere Treue ... zähes Festhalten an dem Glauben, an den Satzungen und Rechten der Väter.«

Diese Themen und Gedanken verharren lange Zeit in der österreichischen Literatur und belasten mit ihrer Konventionalität viele Werke, darunter sogar Stifters *Witiko*. Der Kampf

»Tirol findet in der jovialen Gestalt Andreas Hofers mit dem großen, breitkrempigen Federhut, dem roten Wams und den grünen Hosenträgern seine Verkörperung.« Hofers Hosenträger im Tiroler Landesmuseum

der Tiroler geht natürlich »für Selbsterhaltung und Gleichgewicht, für Freiheit und Ordnung ... wider den angemaßten Herrn der Welt für ihren alten Herrn«. Die Freiheit und Gleichheit der »biederen, Eurer Religion und Eurem Vaterlande getreuen Tiroler« sind von der Art der Freiheit des treuen Dieners; es ist dies die einzig wirkliche habsburgische Freiheit der »von oben geleiteten« Demokratie, wie Musil hundert Jahre später ironisch sagt. Es geht also um das patriarchalische und paternalistische Näheverhältnis Herrscher – Untertanen, die in »tiefer Liebe« mit dem Monarchen verbunden sind. In diesem Werk setzt der Mythos Tirols ein, des Landes *par excellence* für den biederen, feudalen habsburgischen Patriotismus, der durch die konventionelle Folklore der fröhlichen, bier- und jodelseligen Wirtshäuser seine freundliche Note erhält. Tirol, »das Herz und Schild Österreichs« findet in der jovialen Gestalt Andreas Hofers mit dem großen, breitkrempigen Federhut, dem roten Wams und den grünen Hosenträgern seine Verkörperung. Mit gleichem Wohlgefallen erinnert sich Hormayr an Andreas Hofer, den »Feind alles Neuen und Raschen«, an seine fröhlichen Trinkgelage, seine bigotten Proteste gegen ausgeschnittene Damenkleider in Innsbruck und an seine Predigten zur Versöhnung getrennter Ehepaare.

All diese heimatliebenden, feudalen Ideale – das einhellige, zu einer einzigen Familie zusammengeschlossene »Volk«, die Abneigung gegen den liberal-bürgerlichen Individualismus – sind nicht sosehr spontane, aufrichtige Sympathie, wie umsichtiges politisches Propagandawerk. Sie sind also eine Reaktion auf die Französische Revolution, die die Vorherrschaft der Aristokratie und damit die Voraussetzungen des Habsburgerreiches selbst, aus den Angeln gehoben hatte.

Charles Sealsfield

Karl Anton Postl floh 1823 als 30-Jähriger nach Amerika, wo er den Namen Charles Sealsfield annahm. Die Entweichung des Priesters und Sekretärs des Kreuzherrenordens zu Prag, der in Wien eine Anstellung bei der Studienkommission zu erlangen hoffte, machte diesen zur *Persona non grata*. Obwohl das sich ausbreitende Klima des Illiberalismus in Österreich mit ein Grund seiner Flucht war, schiffte er sich 1826 wieder nach Europa ein und bot sich von London aus Metternich als Informant über die englische Politik an – was wiederum scheiterte. Sealsfield begann daraufhin, seine Karriere als Schriftsteller und Publizist zu forcieren. In London verfasste er *Austria as it is or Sketches of Continental Courts. By an Eye-Witness* (1827), eine journalistische Klitterung, die zwischen pittoresker Reisebeschreibung und politischem Pamphlet ein unterhaltsames Gleichgewicht hält. Der Freiheit und dem bürgerlichen Fortschritt Englands stellt er den »complete and refined despotism« in Österreich polemisch gegenüber. Über Hormayr liest man: »In Wien wirkte ein Edelmann von bedeutendem Talent, der die alten Schlösser und staubigsten Pergamente des österreichischen Adels eifrigst durchforschte. Er fiel in Ungnade, weil er eine der harmlosesten Schriften verfasste, die aber nicht genau mit den Ansichten der Regierung übereinstimmte. Alle seine und seines Onkels Anstrengungen während der Tiroler Aufstände konnten den kaiserlichen Argwohn nicht besänftigen. Er trägt das Brandmal des ärgsten Verbrechens in Österreich, – des Freisinns und Liberalismus, obwohl er seither eine Anzahl historischer Arbeiten und einen österreichischen Plutarch veröffentlichte, worin er beweist, dass alle österreichischen Herrscher, Albrecht I. und Ferdinand II. inbegriffen, Muster des Heldentums und der Tugend gewesen seien!« Tatsächlich legte Hormayr 1828 alle seine Ämter zurück und trat in bayrischen Staatsdienst – er war ein Opfer seines Herrn geworden, dessen Porträt Sealsfield wenig schmeichelhaft zeichnet.

Der Kaiser und sein Volk

Als Erzherzog folgte Franz einst seinem Oheim, dem Kaiser Joseph, nach Ungarn. Ein gewisses Phlegma und ziemlich schlechtes Auftreten ließ den Kaiser, indem er auf seine Reformen anspielte, in einem Anflug von Ungeduld ausrufen: »Der Bursch taugt nichts, er wird einmal alles verderben.« Nicht vorteilhafter war die Ansicht, welche Fürst Kaunitz vor seinem Tode über den Kaiser aussprach: »Die Französische Revolution wird Europa in ein großes Schlachtfeld verwandeln. In diesem Kampfe wird, wie ich fürchte, mein Vaterland die Hauptrolle spielen und dabei verlieren, sodass, was fünf Jahrhunderte zusammengefügt haben, auseinander fallen wird.«

Während seiner gesamten Regierungszeit war der Kaiser eigentlich nur ein Werkzeug in den Händen seiner Minister, nicht sosehr aus Beschränktheit als durch eine gewisse Passivität, welche, in Erkenntnis des eigenen Unwerts, ihn dazu führte, sich auf andere zu stützen, solange die Politik und die Umstände dies geboten. Von seiner Thronbesteigung im Jahre 1792 an bis zum Jahre 1811, als er unter den Einfluss Metternichs geriet, ließ er sich ausschließlich von den Ansichten der in Österreich mächtigen Herrenkaste leiten und kämpfte gegen Frankreich mit beharrlicher Festigkeit und unerschütterlicher Zähigkeit. Keine verlorene Schlacht, kein Verrat oder sonstige Katastrophen vermochten ihn wankend zu machen, wie dies eben von einer mächtigen Aristokratie zu erwarten war, die ihre Interessen, ja ihre Existenz, bedroht sah.

Wenn ihn auch seine Generale in dieser Zeit ganz offen betrogen, seine preußischen und russischen Alliierten ihn verließen, so verlor Franz selbst nach den furchtbarsten

Katastrophen niemals auch nur für einen Augenblick seine Ruhe und seine Gleichgültigkeit, die wahrhaftig schwer begreiflich zu machen sind. Selten zeigte sich in seiner Miene eine Veränderung, selten unterbrach er für eine Minute seine Lieblingsbeschäftigungen – die Erzeugung von Siegellack, die Taubenzucht und das Geigenspiel –, und er widmete sich diesen Vergnügungen, wenn er in Wien war, ebenso eifrig wie den Regierungsgeschäften. Wie ein Herr, dessen Diener eben ein Dutzend Champagnerflaschen zerbrochen hat, sagen wird: »Jetzt trachten Sie, ein anderes Dutzend zu bekommen«, so würde Franz I. nach einer verlorenen Schlacht oder der Gefangennahme einer Armee seinen Ministern sagen: »Jetzt schauen Sie halt, dass Sie wieder eine andere Armee zusammenbekommen.«

Angesichts der geringen Förderung seiner Untertanen und seiner wenig einnehmenden Fürstentugenden ist es wahrlich schwer begreiflich, dass Franz einen Krieg führen konnte wie jenen des Jahres 1809. Dennoch ist diese Zeit die glänzendste in der neueren österreichischen Geschichte und sie zeigt mehr als alles andere, wessen dieses Land fähig wäre, wenn man es nur aufrütteln und entsprechend verwalten wollte. Über 60.000 Mann stellte allein der Adel der verschiedenen Provinzen auf, rüstete diese auf eigene Kosten aus und führte sie ins Feld. Ungeheuer waren auch sonst die Opfer der Adeligen und des Volkes insgesamt.

Die Kleinodien aus den Kirchen, das Silbergeschirr der Aristokratie, die Geschmeide der Reichen, das Silberbesteck des Mittelstandes, alles nahm den gleichen Weg, um die Kosten des Krieges zu decken, und dies geschah ohne Murren und Zögern. Die unglückliche Schlacht von Regensburg schwächte die Begeisterung des Volkes nicht ab, im Gegenteil, sie vermehrte dessen Stimmung, die ihren

Lohn in der ruhmreichen Schlacht von Aspern fand. Diese erweckte im ganzen Kaisertum unglaubliche Begeisterung und Kaiser Franz ließ sich sogar herab, die Leistungen seines Heeres in einem Armeebefehl anzuerkennen. Dann folgte die Schlacht von Wagram. Der Plan des Erzherzogs Karl für diese Schlacht ist bekannt. Er beschloss, mit seiner Armee und den unter Erzherzog Johann fechtenden Truppen Napoleon zu umfassen und zu vernichten. Der Kampf begann auf beiden Seiten mit stärkstem Krafteeinsatz. Der rechte Flügel unter Erzherzog Karl war im siegreichen Vordringen. Der linke Flügel aber, dem sich die von Erzherzog Johann befehligten Heeresteile hätten anschließen sollen, geriet in eine missliche Lage und musste zurückweichen. Angstvoll waren alle Augen auf die Pressburger Straße gerichtet, von wo aus Erzherzog Johann hätte eingreifen sollen. Inzwischen verzehrte Franz in seinem Hauptquartier zu Wolkersdorf gemächlich sein Mittagessen, und als einer der Adjutanten mit der schlechten Nachricht vom Ausbleiben des Erzherzogs und vom Rückzug der Armee eintraf, sprach der Kaiser: »Habe ich's Ihnen nicht gesagt, dass uns der Johann sitzen lassen wird und dass wir wieder die Zeche bezahlen müssen? Jetzt können wir schauen, wo der Zimmermann das Loch gemacht hat.« Nach diesen Worten erhob sich seine Majestät und bestieg seinen Wagen mit einer Ruhe, die allgemeines Erstaunen erweckte.

Gewisse Hinweise auf geheime Absichten seines Bruders Karl bestimmten Franz I., diesen sofort nach der Schlacht seines Kommandos zu entheben und einen schlechten Frieden zu schließen.

Es gibt gewiss wenig Anrüchigeres, als mitanzusehen, wie ein Monarch und seine Standesgenossen sechs Monate lang Feste auf Kosten eines Volkes abhalten, das von 25

Kriegsjahren ausgeblutet war; doch Seine Majestät hat sich niemals mit Skrupeln beschwert. Im Gegenteil, der unerwartete Erfolg seiner Pläne und die erhoffte Ausdehnung seiner Macht erfüllten Franz mit einem Stolz, der sich im unerhörten Aufwand der Hofhaltung äußerte und mehrere Millionen verschlang. Er war halsstarrig geworden und seine Äußerungen mündeten allesamt in die Formel: »Ich will.« Sogar seine Untertanen spürten diese Veränderung und, obwohl sie es nicht wagten, ihre Unzufriedenheit zu äußern, teilten sie seine Vorliebe zur unbeschränkten Macht keineswegs.

»Angesichts der geringen Förderung seiner Untertanen und seiner wenig einnehmenden Fürstentugenden ist es wahrlich schwer begreiflich, dass Franz I. einen Krieg führen konnte wie jenen des Jahres 1809.« (Ehrenkette des Kaisers, welche Andreas Hofer am 4. Oktober 1809 empfing.)

Die Ersten, die es auszusprechen wagten, waren die Tiroler. In diesen Bergbewohnern lebt eine Einfachheit, eine Charakterstärke und ein echter Stolz, welche sie weit über die Schweizer erheben. Als Andreas Hofer, dessen Name die Tiroler zu Tränen rührt, nach dem ruhmreichen Sterzinger Sieg in Innsbruck weilte, vereinten sich Studenten und Bürgerschaft vor seinem Quartier zu einer Huldigung. Eine Deputation erschien vor Andreas Hofer, um ihm dies anzukünden. Dieser trat barhäuptig vor die versammelte Menge und sprach: »Hört, meine lieben Landsleute, jetzt ist keine Zeit für eitlen Ruhm, wir wollen nicht singen und jubilieren, sondern niederknien und um Kraft für unseren schweren Kampf beten.« Mit dem Rosenkranz in der Hand sank er in die Knie und Tausende mit ihm. Niemals hat Gott ein heißeres und aufrichtigeres Gebet vernommen.

Wenige Stunden später verkündete entfernter Kanonendonner, dass Andreas Hofer neuerlich an den Feind geraten war. Die Tiroler wurden nach ihrer Unterwerfung von den Bayern gut behandelt und alle Mittel wurden versucht, sie zu versöhnen. Als Tirol später wieder österreichisch wurde, da bewiesen die Steuern, Abgaben, eine Horde von Zollwächtern und die Rekrutierung den begangenen Fehler. Da merkten die Tiroler zu spät den Unterschied zwischen bayrischer Herrschaft und österreichischem Joch.

Eine Abordnung von zwei Prälaten, zwei Herren und Landmännern und zwei Bürgern erschien bei Hof, um eine Milderung ihrer Lage und die Wiederherstellung ihrer alten Verfassung zu erbitten. Die Tiroler besitzen noch das alte Vorrecht, den Kaiser duzen zu dürfen. Franz empfing die Deputation recht ungnädig, da ihn schon das bloße Aussprechen des Wortes Konstitution aus der Ruhe brachte.

Die Antwort, welche er den Tirolern erteilte, verdient es, für die Nachwelt festgehalten zu werden.

»So, also eine Konstitution wollt ihr?«

»Ja, Franz«, antworteten die zwei Bürger in festem Ton, während die Landmänner und Prälaten sich verbeugten.

»Schaut's«, sagte der Kaiser, »mir liegt nichts daran, ich geb' euch schon eine Konstitution, ihr müsst aber wissen, dass die Soldaten mir gehorchen, und ich werd' euch nicht zweimal fragen, wenn ich Geld brauch'. Was aber eure Reden betrifft, so möcht' ich euch raten, nicht zu weit zu gehen.«

Auf diesen kaiserlichen Bescheid erwiderten die Tiroler: »Wenn du so denkst, ist es besser, keine Konstitution zu haben.«

»Das glaub' ich auch«, schloss Seine Majestät.

Norbert C. Kaser

andreas hofer laesst sich nicht ver(d)erben

alto adige
alto fragile

reiseland
niemandsland

zu lange das requiem
als dass die tote erstuende
aber die grabreden
geben die leiche nicht preis

andreas hofer
laesst sich
nicht ver(d)erben
aber der sarg
ist noch offen

ha-ha-hai-
heimatland

11. 3. 68

»... in einer nacht- & nebelaktion gefladerte knochen des großen suedtiroler guerilleros« (N. C. Kaser, innsbruck, stadtstich IX): Offiziere des Tiroler Kaiserjägerregiments exhumierten 1823 die Gebeine Andreas Hofers – sehr zum Unwillen des Kaisers. Schließlich gewährte Franz I. doch ein Staatsbegräbnis (21. Februar 1823) und ein Denkmal in der Innsbrucker Hofkirche.

»Stellen Sie Hofer dar, wie Ritter so häufig in Kirchen stehen, doch in der Kleidung des Bauers, der er gewesen« – so seine Anleitung an den Tiroler Bildhauer Johannes Nepomuk Schaller.

JOHANN HOLZNER

Selbstverständlich ließ und lässt sich Andreas Hofer ver(d)erben, selbstverständlich haben viele »unsern groeßten guerillero unbefugt in mund & feder« genommen (Norbert C. Kaser). Was die schreibende Zunft betrifft, so hat der Literaturwissenschafter Johann Holzner ziemlich ernüchternd festgestellt: »Die Masse der volkstümlichen Balladen, der Rollengedichte, der Romane und Erzählungen über Andreas Hofer ist kaum überschaubar; darüber hinaus gibt es noch mindestens 80 Hofer-Dramen. Die Zahlen sind jedenfalls beeindruckend, die Texte sind es im Großen und Ganzen nicht.« Wie auch immer: Franz Kranewitters *Andre Hofer* (1900) – nach der dramatischen Hofer-Tradition des 19. Jahrhunderts durchaus ein anderer Hofer – soll hier näher betrachtet werden.

Der ›Andre Hofer‹ von Franz Kranewitter

Die Handlung setzt zu einem Zeitpunkt ein, da die Erfolge der Tiroler Aufständischen schon historisch geworden und alle weiteren Widerstandsaktionen gegen Napoleon zum Scheitern verurteilt sind. Kaiser Franz hat mit Napoleon Frieden geschlossen und Tirol an Bayern abgetreten. Im Gegensatz zur Mehrheit der Tiroler Bauern, die aus wirtschaftlichen Gründen – und weil die unter der österreichischen Regierung zugesicherten Rechte nicht mehr gelten – den Kampf gegen die Besatzungstruppen fortsetzen will, ist Hofer bereit, die Waffen niederzulegen und sich zu unterwerfen. Dem k. k. österreichischen Intendanten Roschmann und (mehr noch) dem Kapuziner Joachim Haspinger gelingt es aber, Hofer umzustimmen. (Erster Aufzug).

Die Tiroler haben den Kampf verloren. Das Volk ist kriegsmüde, sehnt sich nach Frieden. In dieser Situation erweist sich Hofer als autoritärer Führer, der die Stimmung in der Bevölkerung verkennt und selbst Mahnungen seiner Freunde und engsten Angehörigen verwirft. Hofer will weiterkämpfen. (Zweiter Aufzug).

Der Aufstand ist endgültig zusammengebrochen. Hofer muss den Vorwurf akzeptieren, er allein trage die Schuld an diesem Ausgang; er nimmt die Verantwortung auf sich und zerstört damit schon selbst das von seiner Umgebung geschaffene Bild des Helden. Noch lässt er sich zur Flucht überreden. (Dritter Aufzug).

Auf der Pfandler Alphütte erwartet Hofer seinen Tod. Er provoziert ihn geradezu – in der Hoffnung, dadurch im Land die Ruhe wiederherzustellen. Als schließlich Soldaten ihn gefangen nehmen, reagiert er mit dem Ausspruch: »So leicht fallt mier's Sterb'n, dass mier nit amal die Aug'n nass wear'n.« (Vierter Aufzug).

Die Struktur dieses Schauspiels ist gekennzeichnet durch die Technik der Aussparung. Die vorgeführte Handlung zeigt die Misserfolge und das Ende des Andreas Hofer, von seinem Aufstieg und seinen Triumphen ist keine Rede mehr. Die Zeit ist präzis festgelegt (erster Aufzug: 29. Oktober; zweiter und dritter Aufzug: 19. und 20. November 1809; vierter Aufzug: 27. Jänner 1810). Die Personen der Handlung sehen sich auf Schauplätze verwiesen, wo sie nicht agieren, sondern nur diskutieren können; das Geschehen spielt in Wirtsstuben bzw. (am Ende wird der Raum noch enger, bedrohlicher) im Inneren der Pfandler Alphütte.

Schon Hermann Bahr hat auf diese Technik der Aussparung aufmerksam gemacht: »Vor allem: keine Schlacht, keine Rede an das Volk, keine Massen, aller Lärm und Aufzug der historischen Stücke ist vermieden, nur die innere Handlung der schrecklichen Zeit wird dargestellt, diese aber mit einer einfachen Größe und Macht, die einzig in der neuen deutschen Literatur ist.«

Im Gegensatz zur vorherrschenden Tradition orientiert sich Kranewitter weitgehend an historisch verbürgten Fakten und er verzichtet auf jede Szene, die einer Restauration des konservativen Hofer-Mythos dienen konnte, eines Mythos, der um die Jahrhundertwende längst festgeschrieben war.

Der Andreas-Hofer-Stoff hat im 19. Jahrhundert viele Schriftsteller zu literarischer Bearbeitung herausgefordert: zu volkstümlichen Balladen, Rollengedichten und Erzählungen, zu Dramatisierungen. Unter den Letzteren sind vor allem Arbeiten von Karl Immermann und Berthold Auerbach zu nennen. Friedrich Hebbel hat sich ebenfalls mit dem Stoff beschäftigt, ist allerdings zur Auffassung gelangt, dass dieser einen der Tragödie widerstrebenden Charakter zeige; in einer Besprechung des Hofer-Trauerspiels von Wilhelm Gärtner meinte Hebbel (1849), das Drama behandle zwar »einen rührenden, ja vielleicht den rührendsten Moment der neueren Geschichte, nicht aber einen erhebenden«, denn der Aufstand der Tiroler werde »durch nichts Höheres verklärt«, »ästhetisch, wie moralisch, ganz einerlei«.

Was Hebbel in seiner Rezension als Unzulänglichkeit charakterisierte, sollte in Kranewitters Konzeption des Dramas nicht verdeckt, sondern ausdrücklich hervorgehoben werden: dass das dargestellte geschichtliche Ereignis sich gegen jede verklärende Stilisierung sträubt und dass

Andreas Hofer aufgrund seines Verhaltens nicht die Rolle des zentralen Helden »im gewöhnlichen Sinn« spielen kann.

Kranewitter zerstörte den Hofer-Mythos, indem er seine Entwicklung sichtbar machte: Die Parallelsetzung des Titelhelden mit Figuren aus der Bibel bot sich hier als geeignete Verfahrensweise an.

Für Haspinger, der in seiner Predigt («fanatisch, aber ja nicht im Kapuzinerton« – wie das eine Regiebemerkung fordert) zu einem heiligen Krieg aufruft, ist Hofer »das Werkzeug der göttlichen Vorsicht, der Makkabäer der christlichen Kirche«, ein Kämpfer also für die religiöse und politische Freiheit des Volkes. Haspinger vergleicht Hofer auch mit David, Simson und Gideon und warnt ihn zugleich, Gott könnte Tirol verlassen und ihn vernichten, »wie er Saul vernichtete, wie er Heli vernichtete, als sie die Stimme Samuels nicht hörten«. Kolb, der Kommandant der Pustertaler, will Hofer ebenfalls zum Weiterkämpfen zwingen, denn er sieht »himmlische Gesichte, prophetische Träume, Träume gleich den Träumen des ägyptischen Mundschenks und Kämmerers«. Hofers Frau ist überzeugt, dass niemand »am Vater Hofer den Judas mach'n« könnte, sie kniet sogar vor ihm »wie voar'n Herrgott«; am Ende übt sie freilich Selbstkritik: »Ja, recht sündhaft bin i g'wes'n, schon recht sündhaft, nit den Herrgott hab' i ang'schaugt, sondern allweil nur di«.

Die bereits zur Konvention erstarrte, eingespielte Glorifizierung wird zurückgenommen und das Bild des Helden als Schein entlarvt; am deutlichsten von Hofer selbst. Zunächst fördert er die von seiner Umgebung aufgedrängte Stilisierung. Er weigert sich z. B., sich »für an Judas hinstell'n« zu lassen, und er beruft sich auf die Rede des Kapuziners Haspinger: »Früher da bin i der David, der Makkabäer g'west, und ietzt? Aber wart's, i wear's enk zoag'n, i wear's enk einränk'n.« Nach dem Zusammenbruch des Aufstands bekennt er aber: »Der Herrgott hat mi g'stürzt, wie er g'stürzt hat den Luzifer.«

Der Sturz des Helden wird im Wesentlichen durch zwei Faktoren ausgelöst. Zum einen durch eine Politik, deren Interessen Hofer nicht durchschaut, der er aber ausgeliefert ist; die Politik des österreichischen Intendanten Roschmann und des Kapuziners Haspinger. Zum anderen durch den Umstand, dass Hofer sich einen Führungsanspruch anmaßt, der in diesem Schauspiel als unberechtigt und politisch untragbar erscheint.

Die Rück-Integration des Helden erfolgt erst am Ende des dritten Aufzugs. Sie gelingt bezeichnenderweise in einer Situation, in der Hofer durch eine Frage (die keine rhetorische mehr ist, was ausdrücklich thematisiert wird) die Angesprochenen tatsächlich zu einer urteilenden Entscheidung drängt:

> HOFER: Enk vertrau' i, so wahr i Hofer hoaß, glabt's mier! Secht's ös, und weil i enk vertrau, vertrau so fest wie auf Gott, müeßt ös mier Antwort geb'n auf a Frag', off'n und wahr, wie's si' für redliche Mander schickt und ziemt. Siberer, Donay, wöllt's?
> SIBERER: Kannst no frag'n, Ander?
> DONAY: Gewiss.
> HOFER: Also heart's. I frag' enk, ist a Mensch, sag'n mier, es war' a Gearhab, dem man 's Guet von seine Mündl anvertraut, und der's verspekuliert, und dann, weil er nit will, dass es aufmar weard, dass ihm seine Mündl Vorwürf mach'n, 's Haus anzündet und seine Mündl in Toadsgefahr bringt, ist, sag' i, dear Gearhab no als eahrlicher Mensch anz'schaug'n?

SIBERER: Ear ist ...

HOFER: B'sinnt's enk, Mander, es liegt mier mehr an enkerer Antwort, als ös denkt's. Gebt's Acht: dear sie aus Eig'nsucht ins Unglück bringt.

»Hofers Frau ist überzeugt, dass niemand ›am Vater Hofer den Judas mach'n‹ könnte.« (Dietmar Schönherr und Tatjana von Radetzky als Hofer und seine Frau, Tiroler Volksschauspiele 1984)

SIBERER: Dear Kerl verdient den Strick!
HOFER: Und Donay? du? –
DONAY: Wenn's so ist, wie du sagst, gewiss, gewiss.
HOFER: Ös habt's g'red't. Dear Kerl steaht vor enk, da secht's 'n, i! I bin der falsche Gearhab. I bin's g'wes'n, i, dear trotz besserer Einsicht, obwohl ear selber nimmer an den Erfolg g'labt hat, do no amal ang'fangt hat, nach-'n zwoat'n November, nach der letzt'n Bergisel-Schlacht. Und wieder i bin's g'wes'n, der no amal Tausende ei-nig'hetzt hat in den Krieg, weil er si' nit hat sag'n lass'n wöll'n, dass ear schuld ist an allem Elend und Bluetver-gieß'n, dös seit dear Zeit über Tirol kemmen. Ja, Mander, auf Wunder hab' i g'hofft, statt in Demuet mein Kreuz ztrag'n, auf Wunder, aber der Herrgott hat mi g'stürzt, wie er g'stürzt hat den Luzifer.

Der traditionelle Hofer-Mythos ist zerschlagen, wird jedoch – dieser Auftritt demonstriert das deutlich – ersetzt durch eine neue Legenden-Bildung. Indem Hofer als »Märtyrer des Gewissens« gezeichnet wird, wird er von der Anklage, die er eben noch selber formuliert hat, freigesprochen.

Das Drama schließt also im Hinblick auf die Charakterisierung des Titelhelden mit einem merkwürdigen Arrangement, versöhnlich. Einerseits wird zwar Andreas Hofer dem kritischen Urteil des Zuschauers ausgeliefert, anderseits und mehr noch aber sein wichtigster Gegenspieler (der im Drama überhaupt nicht auftritt). Die letzten Worte Hofers lauten nämlich: »Mein Vaterland Tirol, zum letzten Mal! Vivat, vivat hoch!« Kranewitters Hofer verschweigt damit jenen Satz, den die »klerikalen Quellen« immer als letzten Ausspruch Andreas Hofers überliefert haben: »Hoch lebe Kaiser Franz!«

Sebastian Rieger

Mit seinen Kalendergeschichten, den über 200 Erzählungen und Romanen, deren Gesamtauflage auf über drei Millionen geschätzt wird, ist Sebastian Rieger, alias »Reimmichl«, zweifellos der meistgelesene Tiroler Autor. Eine treffende Analyse seiner Popularität ist dem Beitrag von Claus Gatterer weiter unten zu entnehmen. Seine Erzählung *Der Fahnlbua* (1898) schildert unter anderem den Heldentod des 14-jährigen Hans in der zweiten Bergiselschlacht. Der Morgen des nächsten Tages beschert ein kleines Wunder – und die so genannte ›heimliche‹ Landeshymne von Tirol.

Tirol ist lei oans

Am 1. Juni des Jahres 1809 war »unser' Herrn Tag«, das Fest des heiligen Fronleichnams. Nie hat Tirol das Fest herrlicher begangen als in diesem Jahre. Siegesjubel klang durch das ganze Land. An die zwanzig Schützenkompanien waren am Vorabende gerade von der Schlacht her in St. Jörgen eingerückt: Sie wollten »unser' Herrn Tag« in St. Jörgen feiern.

Kaum hatte die Nacht ihren dunklen Schleier über die Berge gezogen, da begann das ganze Tal zu flammen und zu leuchten. An den Bergen hinauf bis an die höchsten Spitzen erglühten die Freudenfeuer. Jeder Strauch und jeder Baum, jede Kuppe und jeder Hügel schien zu brennen. Der mächtige Donnerstein und die Kernspitze erschienen am Rande mit einem Flammenstreifen eingefasst, ihre Form zeichnete sich in Feuer. Die Fenster an den Häusern erglühten im hellen Lichtschimmer; auf dem Windbühel und in der Frohnleite funkelten lichte Namen:

»Kaiser Franz I.« und »Andreas Hofer«. Auf dem Talgrunde flimmerte und flirrte es von tausend und abertausend Lichtern und Flämmchen. Das war ein Tanzen und Drehen, ein Aufleuchten und Niedertauchen, ein Wiegen und Wogen, als ob das Firmament heruntergefallen und als ob tausend Engel sich der Sterne bemächtigt und mit ihnen getanzt und gespielt hätten.

Hinter der Kirche stand ein Lärchenwäldchen. Aus diesem Wäldchen stiegen plötzlich rote, blaue und grüne Feuerkugeln in die Höhe. Aller Blicke wandten sich dorthin. Da ertönte jene eigentümliche Musik: zwei Geigen und eine Schwegel. Das klang heute so toll und übermütig wie der lustigste Hochzeitsreigen. Die Stimmen sangen:

Tirol ist lei oan's,
Ist a Landl, a kloan's,
Ist a schian's, ist a fein's,
Und dös Landl ist mein's.

Tirol ist lei oan's,
Und onders ist koan's,
So treu und so schian:
G'heart in Kaiser in Wian.

Tirol ist lei oan's,
Ist a Landl, a kloan's,
Hat unsern lieb'n Hearn
Und in Kaiser so gearn.

Alles horchte, viele rannten hinüber ins Wäldchen, die Sänger zu schauen. Die waren jedoch spurlos verschwunden; die Feuerkugeln stiegen weiter droben im Walde empor, und der Wind trug ganz leise den Reim herunter:

*Tirol ist lei oan's,
Ist a Landl, a kloan's...*

In späteren Ausgaben der Geschichte und des Liedes wurde der Text den neuen politischen Verhältnissen nach dem Ersten Weltkrieg angepasst. »Die Treu' ist verstorb'n. / Mei Kaiser, leb' wohl!«, hieß es dann, ehe das Lied mit folgendem Text (2. und 3. Strophe) populär wurde:

*Mei Liab ist Tirol,
Ist mei Weh nd mei Wohl,
Ist mei Guat und mei Hab,
Ist mei Wieg und mei Grab.*

*Tirol ist lei oans,
Wie dös Landl ist koans,
In der Näh, in der Fern
Ist koans auf der Erd'n.*

*

»in dem bestreben, edlere werte als hoamat, scholle und vaterland zu besingen« hat der Tiroler Vibraphonist und Komponist Werner Pirchner auf seinem *Halben Doppelalbum* 1973 eine wiederum veränderte Version von *Tirol ist lei oans* vorgeschlagen. Von Julius Mosen ist in der Folge Offizielles (die Tiroler Landeshymne), von H. C. Artmann Inoffizielles (ein Zitat daraus) zu lesen. Joseph Zoderers Gedicht aus 1974 zeigt wieder dialektisch, dass sich die Zeiten verändert haben (und mit ihnen Andreas Hofer). Die kruden Fakten kommen schließlich in Ernst Herbecks Kurzpoem noch einmal auf den Tisch. (Wahrscheinlich hat kein Dichter vor und nach ihm mit derartiger Nüchternheit von Andreas Hofer gesprochen.)

WERNER PIRCHNER

leicht veränderte tiroler landeshymne

dei baunzerl* is oans
is a netts und a kloans
is a schians und a feins
und des baunzerl is meins

des mog i so gean
wia den honig die bärn
wia da schnellzug des gleis
wie da pfaff's paradeis

dei baunzerl is oans
so schian is sunst koans
in da nah, in da fern
is koans auf da erdn

* baunzerl = knusprige semmel mit mittelfurche

Julius Mosen

»Das Andreas-Hofer-Lied nach Worten von Julius Mosen und nach der Weise von Leopold Knebelsberger gilt als Tiroler Landeshymne.« So steht es im *Landes-Gesetz- und Verordnungsblatt für Tirol*, 31. August 1948, Nr. 23, § 1. Der Klosterneuburger Knebelsberger (1814–1869), Musiker und ›Stimmungskanone‹, stieß vermutlich während einer Tournee 1844 auf Mosens Gedicht, vertonte es und galt fürderhin als »Komponist des in ganz Deutschland populären Volksliedes ›Andreas Hofers Tod‹, mit dem er den rechten Volkston trifft« (lt. *Bremer Kurier* vom 11. November 1865).

Sandwirt Hofer

Zu Mantua in Banden
Der treue Hofer war,
In Mantua zum Tode
Führt ihn der Feinde Schar;
Es blutete der Brüder Herz,
Ganz Deutschland, ach! in Schmach und Schmerz
Mit ihm das Land Tirol.

Die Hände auf dem Rücken
Der Sandwirt Hofer ging,
Mit ruhig festen Schritten,
Ihm schien der Tod gering,
Der Tod, den er so manches Mal
Vom Iselberg geschickt ins Tal
Im heil'gen Land Tirol.

Doch als aus Kerkergittern
Im festen Mantua
Die treuen Waffenbrüder
Die Händ' er strecken sah,
Da rief er laut: Gott sei mit euch,
Mit dem verrat'nen deutschen Reich,
und mit dem Land Tirol.

Dem Tambour will der Wirbel
Nicht unterm Schlägel vor,
Als nun der Sandwirt Hofer
Schritt durch das finstre Tor.
Der Sandwirt noch in Banden frei
Dort stand er fest auf der Bastei
Der Mann vom Land Tirol.

Dort soll er niederknien,
Er sprach: das tu ich nit!
Will sterben, wie ich stehe,
Will sterben, wie ich stritt,
So wie ich steh' auf dieser Schanz',
Es leb' mein guter Kaiser Franz,
Mit ihm das Land Tirol!

Und von der Hand die Binde
Nimmt ihm der Korporal,
Und Sandwirt Hofer betet
Allhier zum letzten Mal;
Dann ruft er: Nun so trefft mich recht.
Gebt Feuer! – Ach, wie schießt ihr schlecht!
Ach, mein Land Tirol!

H. C. Artmann

Einen Zyklus von sieben Gedichten hat Artmann mit »die ausnehmend schönen lieder des edlen caspar oder gemeinhin hans wurstel genannt« und »begonnen zu innsbruck am soundsovielten juli mcmlv« überschrieben. Die Tiroler Landesgeschichte hat Spuren in diesen Versen hinterlassen. Der Juli 1955 war geschichtsträchtig: Mit dem 27. trat der in der 354. Sitzung der Delegationen der Alliierten Mächte abgeschlossene Staatsvertrag in Kraft. Hymnen hatten Hochkonjunktur.

mit dir das land tyrol

biene biene
botenlohn
süße anemone
die frau
sie schaut
zum fenster raus
der kaiser
braucht soldaten
ein kartenspiel
die kleiderlaus
das einhorn
mit dem kuchen
was sollen wir
ihr sagen:
das gras ist grün
das möndlein voll
die wurst weint
um die würstin

drum bei
herbei du ludewig
o deutschland du
in ehren hoch
es stehn viel
trauerweiden
der bach ist
seinem wasser hold
der judas springt
die bäume an
ein braves wort
ist wolgesagt
ach bruder und
ach schwester
und du
mein treuer sylvester
mit dir
das land tyrol

Joseph Zoderer

statt die hantl foltn di faischt zoagn

schian isches afn knott zu huckn
und oizuspuckn
kienig kaiser
lauter boofer
wos tuin heint mitn ander hofer

di stuan umdraanen
di erd auroogln
s edlweiß rupfn und in enzian maanen
di erdäpfl uunoogln

statt di hantln foltn
di faischt zoagn
und zsommenholtn

de do obn huckn
solln si selber buckn

»zsommenholtn«: *Herbert Rosendorfer mit Joseph Zoderer bei den 11. Innsbrucker Wochenendgesprächen 1986*

ERNST HERBECK

Andreas Hofer

Andreas Hofer hat ein Denkmal
                auf dem Berg Isel.
Andreas Hofer wurde im Jahre 1809
                      erschossen.
Andreas Hofer war der Verteidiger
                        Tirols.
Andreas Hofer ist auf dem Berg Isel
              versteckt gewesen.
Andreas Hofer war bei den Tirolern
        als Anführer sehr populär.
Andreas Hofer ist in Mantua ge-
              fangen gewesen.
Andreas Hofer war erst beim 13.
                    Schuss tot.
Andreas Hofer hat eine sehr große
                Familie gehabt.

Am 6. August 1898 schreibt Sigmund Freud an seinen »teuren Schatz« Martha: »Mit Express-Luxuszug 1 1/4 St. nach Innsbruck. Dort in Sonne erholt von der Münchener Kost. Mit Wagen rasch alle Sehenswürdigkeiten auch Andreas Hofer gemacht.« Tatsächlich scheint der touristische Besucherstrom in Innsbruck lange Zeit zwischen den Polen Bergisel-Denkmal und Rundgemälde rotiert zu sein. Zwei Reiseberichte – etwas ausführlicher als Freuds Postkarte – geben Auskunft:

PETER ROSEGGER

Panorama

Um drei Uhr war ich in Innsbruck, der schönen Stadt. Aus alter Anhänglichkeit Einkehr beim »Goldenen Stern« am Inn. Dort gibt's viele Schwarzröcke, aber keinen Schwarzfrack; freundliche Kellnerinnen versorgen uns mit gutem Hirschbraten und ausgezeichnetem Tiroler Wein, und mit den Tiroler Landgeistlichen, die hier gerne einkehren, gibt's urwüchsige Unterhaltung. Einer von ihnen entlarvte mich als den Verfasser des Tiroler Romans »Peter Mayr« und drohte mit dem Finger: »Se Steirer Se! Verschieben die Tiroler Berg' und kehren unsere Land'sg'schicht um wie einen alten Strumpf. Aber guat ischt's, mit den Leuten wird's seine Richtigkeit haben, und das ischt die Hauptsach.«

Mein erster Gang in Innsbruck war hinaus zum Berge Isel, wo das neue Denkmal Hofers steht. Zu massig gedrungen, sagen sie, sei die Figur. Ich fand das nicht, ich dachte nur an den Löwen, an die Verkörperung des Tirolervolkes.

Von Andreas Hofer lebt heute halb Innsbruck, heißt es. Er hat sein Volk erhöht, er gab ihm den Ruhmesglanz, nun nährt er noch die Wirte, denen er Fremde ins Land zieht, und die Kunsthändler, die seine Bilder verkaufen, und die Buchhändler, die seine Geschichte verschleißen. Welch' Segen um einen großen Mann!

Vom Berge Isel stieg ich hinab in das Panorama (das in der zur Zeit tagenden Sportausstellung stand), um die Aussicht vom Berge Isel zu schauen. Es ist die größte Kühnheit der Kunst, an Ort und Stelle mit der Natur konkurrieren zu wollen. Dem Manne, der das Panorama *Die Schlacht auf dem Berge Isel* gemalt hat, ist's gelungen. Das Schlachtenbild als solches mit dem Gemetzel, den Feuersbrünsten, den zahlreichen Gruppen aus diesem einzigartigen Volkskampfe, macht auf den Beschauer einen starken Eindruck, aber in den Menschengestalten ist die Vollkommenheit der Panoramenmalerei noch nicht erreicht. Die Figuren geben sich im Verhältnisse zu riesenhaft, das ist mir noch in jedem Panorama aufgefallen.

Prachtvoll aber ist in diesem Panorama von Innsbruck das Landschaftsbild – das unvergleichliche Landschaftsbild, wie so großartig, malerisch und freundlich zugleich es kaum eine andere Stadt unserer Himmelsstriche aufzuweisen hat. Als ob mir jemand das Herz kitzelte, so musste ich lachen und immer wieder auflachen vor Entzücken, als ich den Rundblick tat auf Innsbruck, sein Tal und seine Bergriesen. Nach Westen gegen Landeck hin Gewitterschwüle, weit unten das Kaisergebirge in Alpenglühen. Von einem dieser Punkte zum anderen zwanzig Meilen! Als ich ins Freie trat, – stand dasselbe Landschaftsbild in Natur um mich da – und die Natur hat den Eindruck der Kunst nicht erreicht. Ein ungeheurer Erfolg!

Herbert Rosendorfer

Das Wichtigste ist das Riesenrundgemälde

»Das Wichtigste«, sagte er, »ist das Riesenrundgemälde«.

Das Riesenrundgemälde ist eine höchst eigenwillige Darstellung der Schlacht am Bergisel. Es ist nicht zu viel gesagt, wenn man dieses Bild von soundsovielhundert Quadratmeter (die größte bemalte Leinwand der Welt; die zweitgrößte – 7 x 22 m – hat ein gewisser Tintoretto bemalt: *Das Paradies*, sie hängt im Dogenpalast in der Sala del Maggior Consiglio) als den Gipfel, fast schon die Transzendenz des Naturalismus anspricht. Die nächste Stufe wäre die Pantomime. Zeno Diemer, ein Defregger-Schüler, hat 1895 dieses Rundgemälde geschaffen. Es stellt exakt 15 Uhr 23 Minuten des 13. August 1809 dar, und zwar in Panoramaform. Die Schlacht tobte. Tote Tiroler, mehr aber tote Bayern und Franzosen liegen herum. Die Naht, wo das Riesenleinwandstück zusammengenäht ist, hat Zeno Diemer durch einen Baum kaschiert. Ein Markstein in der Malerei, Steine, Geschütz- und Leichenteile ragen unten plastisch aus dem Bild heraus und verstärken den Eindruck auf das Wirkungsvollste.

Besonders ans Herz gewachsen, erzählte mein illegaler Fremdenführer, seien ihm die gefangenen Sachsen, die die Tiroler als Kugelfang vor ihre Verwundetenhütte gestellt haben. In der Tat sind diese gefangenen Sachsen, wie sie so vor der Hütte stehen, äußerst eindrucksvoll.

»Woher aber«, fragte ich, »wissen Sie, dass das Sachsen sind?«

»... die gefangenen Sachsen, die die Tiroler als Kugelfang vor ihre Verwundetenhütte gestellt haben.« Ausschnitt aus dem Riesenrundgemälde von Zeno Diemer.

»Die Sachsen waren mit Napoleon verbündet, und außerdem kann nur ein Sachse so verkniffen schauen. Denken Sie an Wagner.«

Hätte mich diese Bemerkung stutzig machen sollen? Nach dem Krieg, so 46 oder 47, wollte ein reicher Amerikaner das Riesenrundgemälde kaufen. Er hat eine Million Dollar geboten. Aber der Kauf ist nicht zustande gekommen. Manche Innsbrucker verübeln das heute noch – warum? Ja, deswegen wäre auch der Verkauf gescheitert. Man weiß nicht, wem das Riesenrundgemälde gehört. Der Stadt? Dem Land? Dem Bund? Der Stiftung *Zum ewigen Gedenken an die vier Tiroler Kaiserjägerregimenter*? Dem Haus Habsburg?

»Einiges spricht dafür, dass das Riesenrundgemälde Paul Flora gehört«, sagte der illegale Fremdenführer, »der wohnt gleich oberhalb auf der Hungerburg.«

Ich war beeindruckt. Aber ob das wirklich das Wichtigste war – von ganz Innsbruck?

»Wenn Sie meinen«, sagte der Nicht-Lizenzierte etwas spitz, »dann fahren wir eben auf den Bergisel selber. Sie brauchen keine Angst zu haben; die Schlacht ist vorbei.«

Das Museum auf dem Bergisel gehört nun unstreitig der Stiftung *Zum ewigen Gedenken an die vier Tiroler Kaiserjägerregimenter*. Das Museum hätte der Amerikaner kaufen können. Er wollte aber das Rundgemälde. Dabei beherbergt das Bergisel-Museum nicht nur erbeutete italienische Gasmasken und eigenartigerweise die Sänfte Garibaldis, sondern: ein Unterhemd, ein Paar Socken und ein Jagd-Taschentuch Kaiser Franz Josephs nebst Zertifikat des Kammerdieners des Kaisers, in dem an Eides statt versichert ist, dass Seine Majestät dieses höchstselbst getragen, respektive benutzt habe, und zwar auf der Jagd in Mürzsteg. Daneben liegt eine Landkarte, auf der der Weg eingezeichnet ist, den der Kaiser in den ausgestellten Socken genommen hat. (Schuhe trug der Kaiser natürlich auch. Diese sind allerdings nicht überliefert.)

Dem Museum angefügt ist die »Kreuzkapelle«, in der seit 1912 die Gebeine des Feldmarschallleutnants Franz Philipp Fenner, Freiherr von Fenneberg (gestorben 1824), Gründer der Kaiserjäger, bestattet sind.

Mein illegaler Fremdenführer zog mich zur Seite.

»Passen Sie auf«, zischte er.

»Worauf?«

»Gehen wir Abendessen, wir sind eh schon fast in Lans.«

Ein lizenzierter Fremdenführer war mit einer Gruppe von Belgiern angekommen und begann eben das vor dem

Museum befindliche Andreas-Hofer-Denkmal (von Heinrich Natter, Bronze, 1893 enthüllt, der Künstler konnte allerdings, da er bereits 1892 starb, sein Werk nicht mehr sehen) zu erklären.

*

In Claudio Magris' Buch *Die Welt en gros und en détail* (1997) – einer Mischung aus Erzählung und Essay, welche dieser Autor so meisterlich beherrscht – entdeckt der reisende Erzähler in kleinen Welten große Geschichten. Eine davon spielt in Antholz. Von Peter Passler und Josef Leitgeb ist die Rede, hinter denen die großen Namen Michael Gaismair und Andreas Hofer stehen. Letztere wurden (und werden auch hier) zu historischen Gegenspielern gemacht, Gaismair als Ikone der Linken, Hofer als Ikone der Rechten. Im anschließenden Beitrag von Claus Gatterer heißt das Gegensatz-Paar Hofer und Battisti: ein nationalistischer Konfliktstoff.

CLAUDIO MAGRIS

Revolutionäre und Rebellen

In Antholz hat es nicht nur die Bauern gegeben, die am 15. April 1916 das erste Flugzeug, das übers Tal flog, für einen riesigen Milan oder Bussard hielten; es hat auch zwei Persönlichkeiten der großen Welt der Politik hervorgebracht, einen Revolutionär und einen Rebellen. Im Haus Altenfischer in Antholz-Mittertal ist Peter Passler geboren und aufgewachsen, einer der Anführer des Bauernaufstands von 1525. Schon sein Vater war wegen religiöser und gesellschaftlicher Reformideen aus dem Dorf gewiesen worden. Peter stellte sich an die Spitze von Bauernhaufen, die sich der Bewegung des Michel Gaismair anschlossen, des großen Tiroler Revolutionärs – dessen Rücken vom nächtelangen Lesen und Studieren krumm geworden war –, mit dem er sich 1526 in Antholz traf. Mit seinen Männern widersetzte sich Passler Fürsten, Bischöfen und Prälaten, kämpfte in Wort und Tat für die Freiheit des Glaubens, die Abschaffung der kirchlichen Macht, die Zerstörung der Mauern um die Städte, die zu Dörfern werden sollten, für die Kollektivierung der handwerklichen Produktion, das Wiedertäufertum und eine Überwachung der Preise.

Nach Einkerkerung von seinen Anhängern befreit, kämpfte er erbittert in diesen für Sensen – zum Mähen wie zum Kriegführen – so geeigneten Tälern, bis ihn, nachdem er sich auf venezianisches Territorium geflüchtet hatte, einer seiner Leute meuchlings ermordete, ihm den Kopf abschlug und diesen der Regierung in Innsbruck ablieferte, im Tausch gegen Straffreiheit und Belohnung. Auch Gaismair endete durch Mord (zweiundvierzig Dolchstöße), nachdem er dem Erzherzog Ferdinand beachtliche Konzessionen abgerungen hatte, die dieser freilich sofort wieder zurücknahm, als die revolutionäre Bewegung an Kraft verlor.

Anders als ihre Bauern, die auch noch während des Kampfes fortfuhren, an die Rechtmäßigkeit der Herrschaft des Landesherrn zu glauben, und alle Ungerechtigkeiten der individuellen Heimtücke einiger seiner Räte zuschrieben, wollten Gaismair und Passler eine neue Gesellschaftsordnung errichten. Über jeden engen lokalen Rahmen hinaus sind beide tragische Figuren der deutschen und europäischen Geschichte und der Widersprüchlichkeit, mit der sich das moderne Zeitalter ankündigt: Letzteres trägt, indem es die Welt radikal verwandelt, den Anspruch nach einer noch radikaleren Veränderung, nach messianischer Erlösung, in sich und erstickt gleichzeitig, durch das aufrührerische Ungestüm seiner Entwicklung, die Utopie der gesellschaftlichen Befreiung im Keim. Die gescheiterte Bauernrevolution, die am Beginn der heftigen und vitalen Umwälzungen steht, ist das Siegel dieses ambivalenten Schicksals der Modernität, das für Deutschland besonders verhängnisvoll wurde; die »deutsche Misere«, die politische Unreife, die so viele Katastrophen hervorrufen sollte, entsteht aus dieser Spaltung zwischen religiöser Freiheit und sozialer Befreiung. Faust, das Symbol des neuen Menschen, ist ein apolitischer Held; die Ferne seines individuellen Titanentums zur Erhebung der Bauern im Deutschland des sechzehnten Jahrhunderts ist das Symbol dieses Risses.

Die Niederlage der Bauern und die durch Ferdinand II. in Gang gesetzte Restauration machen Tirol für Jahrhunderte zum Land der bigotten und konservativen Loyalität, zum gefeierten Bollwerk der Tradition – samt den von dieser sanktionierten Bräuchen und Privilegien – gegen die Modernität, die Devisen von 1789, den Code Napoléon, den Liberalismus und den Sozialismus. In Kohärenz mit dieser Linie stemmt sich das Habsburg ergebene Tirol – unter dessen unmittelbarer Herrschaft es seit 1665 steht – gegen die aufgeklärten Reformen Maria Theresias und Josephs II., verteidigt die Ständefreiheit und die gewachsene soziale Ordnung gegen die von den Habsburger-Herrschern verfochtene Modernisierung, bekämpft deren großen Versuch, die feudale Rückständigkeit zu überwinden und so eine Revolution zu verhindern.

Wenige Schritte vom Haus Altenfischer steht der Wegerhof, auf dem eine Zeit lang Josef Leitgeb Wirt war, der Rebell, der Märtyrer – wie Andreas Hofer – im Kampf gegen die Franzosen und Bayern, die 1809 in Tirol eingefallen waren. Leitgeb wurde am 8. Januar 1810 erschossen, am Eingang des Tals, wo jetzt ein Bildstock mit einem Christusbild an ihn erinnert. Ebenso wie Andreas Hofer, Peter Mayr und andere Patrioten – und im Gegensatz zu Gaismair oder Passler – ist Leitgeb kein Revolutionär, der das Gesetz umstürzen will, um ein neues einzuführen, sondern er ist ein Rebell, der sich gegen den neuen Machtusurpator auflehnt, um die alte Ordnung wiederherzustellen. Er ist ein Märtyrer der vom Universalismus der Vernunft bedrängten Tradition, der vom Nationalitätenstaat bedrohten ethnischen Einheit.

Wie fast alle echten Rebellen werden auch diese Tiroler von den Fürsten verraten, für die sie sich schlagen und die sie ihrerseits der Staatsräson opfern; es ist der vom habsburgischen Kaiser Franz I. nach der Niederlage bei Wagram geschlossene Waffenstillstand von Znaim, der Hofer, nunmehr Freischärler ohne Legitimation, französisch-bayrischer Willkür aussetzt. Die große Politik belegt Tirol mit Strafpunkten, doch andererseits sterben Hofer und Leitgeb nicht für das Haus Österreich, sondern für Tirol. Genauer gesagt für einen Teil davon, den deutschen, unter Ausschluss von Welschtirol, das heißt jenem Gebiet, das nach der jahrhundertealten Namensgebung, die erst in jüngerer Zeit unterdrückt wurde, das eigentliche Südtirol ist. Die Tiroler Freiheitshelden sanktionieren die Aufhebung der 1254 zustande gekommenen Einheit des historischen Tirol, dessen kultureller Mittelpunkt, der sich später nach Innsbruck verlagerte, bis zum fünfzehnten Jahrhundert im südlichen Teil lag. Die Patrioten von 1809 spalten die Einheit Tirols, indem sie die deutsche Komponente von der romanischen abtrennen und zugleich von den Mächten deutscher Nation, respektive von Österreich oder von Bayern, aufgegeben beziehungsweise vernichtet werden. Noch der Südtiroler Terrorismus der sechziger Jahre unseres Jahrhunderts wird vom Widerspruch zwischen nationalem Unabhängigkeitsstreben und der Bindung an Österreich oder Deutschland geprägt sein.

Leitgeb kämpfte für alte Freiheiten, aber auch für alte Privilegien und alte Knechtschaft, gegen die Einführung der Grundsätze von Gleichheit und gesellschaftlicher Mobilität, die den Individuen neue Emanzipationsmöglichkeiten eröffnet. Aber die napoleonische Modernität, die mit den Truppen des Generals Broussier in das Antholzer Tal einfällt, ist auch totalitäre und nivellierende Gewalt, die die Mannigfaltigkeit brutal unterdrückt; in Hofers und Leitgebs reaktionärem Widerstand, der zum Symbol einer verbissenen und rückwärts gewandten Tiroler Ideologie wird, liegt auch die Verteidigung echter, von tyrannischen Plänen bedrohter Freiheit. Leitgeb ist ein Komparse in diesem Drama der modernen Geschichte, das nur die Wahl lässt zwischen Scylla und Charybdis, partikularistischer Gewalt und uniformierender Gewalt, eine Pattsituation, die Europa immer noch gefährdet und so viele ungeheuerliche zentralistische Modernismen, so viele leidenschaftliche barbarische Regressionen erklärt.

Als Leitgeb stirbt, ist bereits der dritte Weg zur Modernität gescheitert, den die Aufklärung zu gehen versuchte, der Weg des aufgeklärten theresianischen und josephinischen Absolutismus, der selbst in seinen vereinheitlichenden Tendenzen sensibel für die Unterschiedlichkeiten und in seinen Erneuerungsbestrebungen rücksichtsvoll gegenüber der Tradition blieb; ein dritter, vage skizzierter Weg, um den Terror zu vermeiden und die wilde Besitzanhäufung des frühen Kapitalismus. Aber Tirol hat Maria Theresia und Joseph II. bekämpft und den Kaiser Franz geliebt – den, der Andreas Hofer seinem Schicksal überlassen hatte –, also die rückschrittliche habsburgische Restauration, Antithese zu den theresianischen Erneuerungen und verantwortlich für so viel ethisch-politische Tiroler Rückschrittlichkeit. Der Eroberer Napoleon, der für einen Moment daran gedacht hatte, eine tirolerisch-schweizerische Konföderation zu bilden oder aber Tirol dem Königreich Italien anzugliedern und ihm ein großes Maß an Autonomie zu gewähren, hatte die Besonderheit des Landes intuitiv erfasst, auch wenn die von ihm festgesetzten Grenzen jene sind, die es, für einen kurzen Zeitraum, auf die radikalste Weise gespalten haben.

Claus Gatterer

Über eine Bauernbibliothek in Sexten, über Reimmichl, Andreas Hofer, Cesare Battisti und Alice Schalek

Etwa um die Zeit, da Hitler in Deutschland die Macht ergriff und mein Taufpate Sonntag für Sonntag auf dem Kirchplatz zappelig vom einen zum andern rannte, um sich – »Hab ich's euch nicht gesagt? Hab ich's nicht richtig vorausgesagt? Der Deutsche ist wieder da, klar!« – sein überragendes politisches Urteilsvermögen von allen bestätigen zu lassen, kam ein neuer Carabinieri-Maresciallo ins Tal. Ein Maresciallo, kein Brigadiere: die Ernennung eines ranghöheren Garnisonskommandanten, dem ein gleichfalls neuer Brigadiere unterstellt war, bedeutete offenbar, dass man uns entweder für wichtig oder für gefährlich hielt. Für den Taufpaten kam nur die zweite Version in Betracht. «Klar!«, sagte er. »Jetzt, wo der Hitler oben ist, der Führer, jetzt werden neue Saiten aufgezogen, sie werden's schon merken, die Walschen, klar, dass sie's merken, dass mit dem Führer ein neuer Wind aufgezogen ist.«

Der Maresciallo war noch keine fünf Monate im Tal, als er eine umfangreiche Razzia gegen alles Geschriebene, Gedruckte und Gebundene in Gang brachte, die, hätte sie gefährlichen Dieben und Räubern gegolten, wohl kaum mit größerer Hingabe zu betreiben gewesen wäre. An einem sonnigen, warmen Vormittag im Juli platzte der Maresciallo mit drei Carabinieri in unser Haus; die Mutter war mit den kleinen Kindern in der Küche, wir andern waren mit dem Vater und den Hunden auf dem Feld, ziemlich weit vom Haus entfernt. Deswegen hatten die Hunde die Carabinieri auch nicht wahrgenommen. Die Mutter ließ mich durch eine Schwester rufen, ich sollte dolmetschen. Als ich ins Haus kam, war das Unglück schon passiert und der Maresciallo fuchsteufelswild. Er hatte von der Mutter verlangt, dass sie alle Bücher und alles Gedruckte im Haus zusammentrage und in der Stube auf den Tisch staple. Die Mutter holte alles, was wir besaßen, aus Schubladen und Kästen, einschließlich der Gebetbücher und jener Romane, die wir aus dem *Bötl* und dem *Katholischen Sonntagsblatt* ausgeschnitten und vom Buchbinder, dem Tosker-Simon, hatten binden lassen. Der große Stubentisch war voller Bücher.

Unsere Hausbibliothek war klein. Nie zuvor hatte ein Vertreter einer Behörde daran Anstoß genommen. Das dickste Buch war eine reich und überaus lebensgetreu bebilderte Heiligenlegende aus dem Besitz des Urgroßvaters. Ferner besaßen wir zwei Fibeln, eine alte aus Mutters Schulzeit, und eine neue, aus Deutschland hereingeschmuggelte. In Mutters Fibel war alles so, wie es bei uns daheim war; nach ihr hatten wir auch deutsch lesen und schreiben gelernt. Neben den Fibeln lagen nun die Kindermärchen der Brüder Grimm, einige gebundene Jahrgänge der *Stadt Gottes*, einer reich illustrierten katholischen Zeitschrift aus Österreich, vier oder fünf *Reimmichls Volkskalender* und ein halbes Dutzend Reimmichl-Romane. Der Reimmichl hat in seinen Geschichten Liebesroman und Predigt, menschliche Frevelhaftigkeit und gerechte Strafe des Himmels, Wahrheit und Dichtung derart lebensgetreu vermengt, dass jeder bäuerliche Leser allen Gestalten bestimmte Namen und bestimmte Gesichter geben und meinen konnte, er lese Selbsterlebtes, er könne dank dem Buch nicht nur in die Zukunft, sondern dem Herrgott auch in die Geheimakten der himmlischen Justiz schauen. Beim Reimmichl war nachzulesen, welches Ende Erbschleichereien nahmen, welche Strafen der Himmel dem Meineid zudachte, wie Prozesshanseln durch göttliche Fügung zur Räson gebracht wurden, welche Züchtigung jene Väter zu gewärtigen hatten, die, besessen von Dünkel und Habgier, ihre Tochter dem sauf- und rauflustigen Sohn des Großbauern versprachen, statt sie in die Arme des geliebten, arbeitsamen, opferbereiten, aber leider besitzlosen Knechtes eilen zu lassen. Der »positive Held« des Reimmichl residierte im Jenseits, doch störte dies die Bauern durchaus nicht, im Gegenteil: Dies entsprach genau ihrer Art, alles Irdische und Himmlische zu sehen. Man wusste bei jeder Reimmichl-Geschichte, wie sie enden würde. Ging jedoch eine ausnahmsweise einmal anders aus, als man es sich auf Grund der Erfahrung und des überlieferten Moralkodex ausgerechnet hatte, so war auch dies nicht weiter überraschend. Zuweilen überließ nämlich auch der Reimmichl die Regie nicht himmlischem Walten, sondern menschlicher Unvernunft und Bosheit; dann endeten die Geschichten in ernüchternder, entmutigender, beklemmender Echtheit, wie sie auf Erden zu enden pflegen, doch fehlte in solchen Fällen nie der tröstliche oder bedrohliche, je nachdem, Hinweis auf das Jüngste Gericht, das die schwarzen Schafe endgültig und unwiderruflich von den weißen scheiden werde.

Auch das Buch *Andreas Hofer und der letzte Kampf der Tyroler im Jahre 1809* lag vor den Augen des Maresciallo. Dieses Buch war schon arg derangiert, obschon der Simon ihm erst vor ein paar Jahren eine neue Fassung gegeben hatte. Der Schnitt war in bunten Wellenlinien bemalt, roten, blauen, grünen, violetten, gelben, dass es aussah, als führten viele irr gewordene Regenbögen einen Hexentanz auf. Im dritten Abschnitt dieses Buches berichtete Cajetan Sweth, Student und Sekretär Andreas Hofers, in erschütternden Worten über Gefangennahme, Aburteilung und Hinrichtung unseres Nationalhelden, den in Anwesenheit von Italienern beim Namen zu nennen streng verboten war. Wie oft hatte ich das gelesen! Raffls Verrat auf der Pfandleralm, den bitteren Weg nach Mantua, wo auch der junge Sweth ins Gefängnis gesperrt wurde, das Todesurteil und dann der mannhafte Tod unter den Kugeln der Franzosen, denen Hofer selbst »mit fester Stimme commandirte: ›Achtung, gebt Feuer!‹«; erst »der dreizehnte Schuss endete sein Leben«. Weiters hieß es bei Sweth:

> Und sie hatten ihn getödtet, den in seinem innersten Wesen größten Helden Tyrols – nicht aus Hasz und Wuth, sondern aus Unterwerfung gegen einen mächtigen despotischen Willen – das kleine Volk der Berge sollte lernen zittern vor der Macht des französischen Siegers. Tyrol sollte bestraft werden für die Kühnheit, ihm Trotz geboten zu haben.

Immer wieder betrachtete ich jenes Bild, das Hofer zeigte, wie er, die Hände am Rücken gefesselt, aber trotzdem stolz aufgerichtet, in den Tod ging. Er trug die alte Tracht, die damals das normale Gewand gewesen war und nicht Tracht wie heute, auf dem Ledergurt waren, aus feinen Federkielen gestickt, die Initialen seines Namens zu lesen, A. H., über dem offenen weißen Hemd sah man den Orden, welchen der Kaiser ihm verliehen. Der kühne Mann mit dem bärtigen Gesicht blickte wehmütig zu den einstigen Kampfgefährten, die ihn durchs Gitterfenster zum letzten Mal grüßten. Links und rechts die Soldaten des französischen Piketts, mit hohen Stiefeln, lichten Hosen, über dem Waffenrock gekreuzten Gurten, das lange Gewehr mit dem Bajonett geschultert und nie gesehene Topfhüte auf dem Kopf.

Manchmal verglich ich dieses Bild mit einem andern, im Lesebuch, das Cesare Battisti zeigte, wie er in Trient zur Hinrichtung geführt wurde, den Mann, den der Vater für einen schändlichen Verräter hielt und den die Lehrer uns als Helden und Vorbild anpriesen. Hoch aufgerichtet auch er, stolzen Blicks, und den Bart, das Symbol der Manneswürde, kühn nach vorne gereckt. Auf diesem Bild war kein Fenster, aus dem Gefährten winkten, und kein betender Priester, doch waren mir die Soldaten, die Battisti eskortierten, vertrauter. Sie waren Bauern wie der Vater, der Vetter Michl, der Taufpate oder der Weber; sie hatten Uniformen an, wie ich sie von den Fotografien des Vaters kannte. Aber auf dem einen Bild wie auf dem andern vermochte ich in den Gesichtern der Soldaten keinen Hochmut zu entdecken, keinen Stolz über das ihnen aufgetragene Amt noch gar Freude über das Los des Besiegten, eher eine Spur von Trauer und Niedergeschlagenheit, ja bei den unsern, die links und rechts von Battisti schritten, wohl auch einen leichten Schatten von Mitgefühl.

Ich fühlte, dass zwischen den beiden Bildern und zwischen den Schicksalen der beiden Männer, die sie darstellten, ein Zusammenhang bestehen musste, obschon ein unversöhnlicher Hass sie zu trennen schien. Wenn der Vater Battisti als »Südtiroler« bezeichnete, so klang dieses »Südtiroler« beinahe wie eine Beleidigung; sprach er dagegen von Andreas Hofer, so tat er es mit der nämlichen Verehrung, mit der die Lehrer uns von Battisti erzählten. Zwei Helden, jeder einer anderen Sprache angehörend, jeder in der seinen angebetet und in der anderen verflucht – war's dies? Zwei Schicksale, einander so ähnlich, dass selbst Maler und Fotograf sie ähnlich darstellen mussten, abweichend nur in den Gestalten am Rande – war's dies? Erst viel später begriff ich, dass das Schicksal Battistis mit tragischer Folgerichtigkeit aus der

Legende herausgewachsen war, in welche man das Schicksal Hofers umgefasst hatte – dass Battisti hatte sterben müssen, weil Andreas Hofers Sterben zu Mantua nicht mehr als Tod für die »Völker« Tirols gelten durfte, sondern nur noch als Opfergang für *eines* von diesen und als Tod gegen die andern, insbesondere gegen die Welschtiroler – und dass Battisti offenbar, was Italien anlangte, ähnlichen Irrtümern erlegen war wie manche Lobpreiser Hofers hinsichtlich Deutschlands. Solang jedoch die Lehrer da wie dort ihr Amt nur als engstirnige Wachtposten ihrer Nation begreifen, als Marescialli vorschriftsmäßig geheiligter und gedrückter Vaterlandsliebe, die einen die Adlerfedern der Alpini, die andern die gekrümmten Spielhahnfedern auf dem Hut und beide mit gleich gefiedertem Zeug im Gehirn, solang besteht keine Gefahr, dass die fragenden Augen der Kinder über die Bilder der beiden todgeweihten Tiroler, des Deutschtirolers und des Welschtirolers, hinweg zueinander und zu jener schöneren Eintracht finden, für die sich wohl beide, der Deutschtiroler wie der Welschtiroler, letztlich geopfert haben. Ist nicht jedes im edlen Sinn geopferte Leben ein für alle Menschen dargebrachtes Opfer?

Schließlich befand sich in unserer kleinen Bibliothek eine Sammlung von Frontberichten, verfasst von der seinerzeit über alle Maßen berühmten Schriftstellerin Alice Schalek, welche die Leser der *Neuen Freien Presse* über das lausige Leben in allen Schützengräben rund um die österreichisch-ungarische Monarchie unterrichtet hatte – freilich ohne Läuse, Flöhe, Kälte und »Drahtverhau«, wie der Vater meinte. Das mit vielen Fotografien von Kanonen, Haubitzen, Mörsern und Maschinengewehren geschmückte Buch war dem Vater von der Verfasserin, mit Widmung versehen, geschenkt worden, weil er die wagemutige Frau einmal mitsamt ihrem Gepäck auf den Ortler oder die Marmolata geschleppt hatte.

»Der Vater hatte die wagemutige Schalek einmal mitsamt ihrem Gepäck auf den Ortler oder die Marmolata geschleppt.«

An der Südwestfront auf einem Stützpunkt in »dritthalbtausend Meter Höhe« lässt übrigens Karl Kraus im ersten Akt die 26. Szene seines Monsterdramas *Die letzten Tage der Menschheit* spielen. Es treten auf: die Schalek, ein Standschütze, eine Ordonnanz:

> DIE SCHALEK (*an der Spitze einer Schar von Kriegsberichterstattern*): Meinen großen Wunsch, einen exponierten Punkt besuchen zu dürfen, konnte der Kommandant leider nicht erfüllen, weil das den Feind aufregen könnte, sagt er.
> EIN STANDSCHÜTZE (spuckt aus und sagt): Grüaß Gott.
> DIE SCHALEK: Gott wie intressant. Wie gemalt sitzt er da, wenn er kein Lebenszeichen gäbe, so müsste er von Defregger sein, was sag ich, von Egger-Lienz! Es ist erstaunlich, wie leicht die Männer auf dritthalbtausend Meter Höhe nicht nur ohne Hilfe von uns Frauen, sondern auch ohne uns selbst fertig werden.

EINE ORDONNANZ (kommt): Melde gehorsamst, Herr Leutnant, Zugsführer Hofer ist tot.
DIE SCHALEK: Wie einfach der einfache Mann das meldet! Er ist blass wie ein weißes Tuch. Nennt es Vaterlandsliebe, Feindeshass, Sport, Abenteuer oder Wonne der Kraft – i c h nenne es freigewordenes Menschentum. Ich bin vom Fieber des Erlebens gepackt! Herr Leutnant, also sagen Sie, was denken Sie sich jetzt, was für Empfindungen haben Sie?

Der Maresciallo in Claus Gatterers Geschichte requirierte die Schalek, *Andreas Hofer und der letzte Kampf der Tyroler im Jahre 1809* dagegen blieb im Haus. Cesare Battisti (1875–1916), den der Autor Andreas Hofer gegenüberstellt, war Führer der Sozialdemokratie in Welschtirol und sympathisierte mit der Irredenta. Nach der Kriegserklärung Italiens an Österreich-Ungarn am 23. Mai 1915 kämpfte er auf italienischer Seite, geriet in österreichische Gefangenschaft und wurde mit zwei Gefährten als Deserteur hingerichtet. Die Umstände der Hinrichtung haben dem Ansehen Österreichs sehr geschadet und verhalfen der Irredenta in Welschtirol zu neuem Auftrieb. Diese forderte den Anschluss der italienischsprachigen Gebiete Österreich-Ungarns an Italien, eine Forderung, die mit Abschluss des Vertrages von Saint-Germain am 10. September 1919 in Erfüllung ging. Aus Tiroler Sicht bedeutete das eine »Zerreißung des Landes«; auf sie wurde anlässlich von Jubiläumsfestumzügen zu Anno neun hingewiesen. 1959 veranstaltete man einen Festzug, der den Gedanken der alten Landeseinheit und die historische Entwicklung der Wehrhoheit Tirols inszenierte. 1984 fand ebenfalls eine Großgedenkveranstaltung statt. (Sie hatte eine Vorbereitungsphase von beinahe fünf Jahren erfordert). Auf diese bezieht sich Georg Paulmichl.

Georg Paulmichl

Gedenkjahr I

Das Jahr 84 geht bald zur Neige.
Viel wurde gefeiert und gedacht.
Umzüge und Kranzniederlegungen sollten zum Heldentum uns ermahnen.
Politiker hielten Reden, um Andreas Hofers Schicksal zu überwinden.
Dabei wurden auch Ehrenmedaillen verliehen.
Denkmäler wuchsen aus den Böden.
Lieder erklangen feierlich.
Dornenkronen wurden zur Schau gestellt.
Schützenverbände marschierten im Gleichschritt durch die Straßen.
Alte Gebäude wurden im Jubeljahr neu überdeckt.
Wehe denen, die abseits stehen, sie werden des Verrates verurteilt.
Wo man feiert, da lass dich nieder.

Reinhold Gärtner

Dornenkrone und Geschichtsbewusstsein

Als weiteres aktuelles Beispiel für den Tiroler Umgang mit Fremden kann die »Dornenkrone« herangezogen werden. Um Missverständnisse zu vermeiden, hier ist jenes Ungetüm gemeint, das mittlerweile in Telfs einen dauernden – öffentlichen – Ruheplatz bekommen hat. 1959 und 1984 wurde bei Festumzügen in Innsbruck jeweils eine überdimensionale Dornenkrone mitgetragen, beide Male zur Erinnerung an die Teilung Tirols, beide Male aber nicht bei einer Erinnerungsveranstaltung, die der Teilung Tirols gedachte, sondern bei einem Festzug zur Erinnerung an An-

»Dornenkronen wurden zur Schau gestellt.«

dreas Hofer und das Jahr 1809. Die Dornenkrone von 1959 fand ihre letzte Ruhestätte beim Passionsspielhaus in Erl – und wurde damit mehr oder weniger direkt wieder mit der ursprünglichen Symbolik besetzt – der Erinnerung an das Leiden Christi.

Anders 1984 und in den Jahren danach. Wieder wurde eine riesige Dornenkrone aus Aluminium mitgetragen, anschließend sollte diese Dornenkrone für viele Jahre im Garten des Innsbrucker Zeughauses liegen bleiben, bevor Mitte der 90er Jahre die Suche nach einem neuen ›würdigen‹ Standplatz begonnen wurde. Im Gespräch war zunächst der Garten vor der Hofburg in Innsbruck, nach jahrelangen Querelen und Diskussionen fand schließlich der Präsident der Industriellenvereinigung Tirols, Arthur Thöni, Gefallen am Werk, renovierte das Gebilde und stellte es (halb)öffentlich in Telfs auf.

Interessant ist nun weniger, dass die Dornenkrone doch noch aufgestellt wurde, interessant ist vielmehr die Frage nach der Symbolik und damit die Frage des Tiroler Umgangs mit Nachbarn – speziell mit Italien bzw. Südtirol. Dazu Zitate aus verschiedenen Zeitungen: Die Dornenkrone sei »Symbol eines neuen, geeinten Tirol« (Resolution des Gesamttiroler Schützenbundes); »Symbol für eine christliche Gesinnung, (erinnernd) an das Leiden aller Menschen aller Sprachgruppen für die Heimat«, »Ausdruck des Gedenkens an das Leiden für die Heimat« (Bürgermeister Herwig van Staa), ein »Zeichen dafür, dass uns der Verlust unserer Heimat schmerzt« (Dietmar Ganahl, Wiltener Schützen), schließlich »eines der friedlichsten Symbole – auch für die Europäische Union, für den Aufbruch in ein neues Europa« (Dieter Salcher, Firmenbesitzer).

Im Lexikon steht unter dem Stichwort Dornenkrone »Sinnbild höchsten Leides«. Dieses ist – weil Superlativ –

nicht mehr steigerbar. Wenn nun die Dornenkrone an das »Leiden Tirols« erinnern soll, so wird die Teilung Tirols unerträglich symbolisch strapaziert – es wird gleichzeitig nationalisiert: Mit dem Verweis auf nicht mehr steigerbares Leid wird eine künstliche ›Wir-Mentalität‹ erzeugt bzw. verstärkt, die alles Nicht-Tirolerische ausschließt, alles andere als vergleichsweise harmlos hinstellt. Wenn dem nicht so sein sollte, warum dann gerade eine ›Dornenkrone‹ als Symbol für ein neues geeintes Europa?

In Südtirol herrschte alles andere als breite Zustimmung zur Aufstellung. Dass – konsequenterweise – keine VertreterInnen des offiziellen Südtirol am 3. Oktober 1998 zur Zeremonie nach Telfs gekommen waren, war nach vorher getätigten Aussagen nur logisch: Es sei »weder zielführend noch politisch vertretbar, die heutige Situation Südtirols mit einer Dornenkrone zu versinnbildlichen« (Alt-Landeshauptmann Silvio Magnago, *Tiroler Tageszeitung*, 24. September 1998) oder »mir ist jeder gemeinsame Radlweg lieber« (Siegfried Brugger, Obmann der Südtiroler Volkspartei, *Tiroler Tageszeitung*, 24. September 1998).

Was hat nun diese Dornenkrone mit dem ›Fremden‹ zu tun? Es geht hier um eine Wiederbelebung nationalistischer und revanchistischer Gefühle; es geht um eine neuerliche und weitergehende Instrumentalisierung der alten Animositäten zwischen TirolerInnen und ItalienerInnen – die von den eigentlich Betroffenen, den SüdtirolerInnen, kaum jemand will. Es geht darum, dass einige wenige NordtirolerInnen (und noch deutlich weniger SüdtirolerInnen) einer Gesamttiroler Nostalgie anhängen und diese – ohne Rücksicht auf mittlerweile veränderte Realitäten – revitalisieren und immer wieder betonen möchten. Dabei wird vergessen, dass die ehemals geeinten Teile Tirols spätestens seit dem EU-Beitritt Österreichs – Stichwort

Schengen bzw. Euroregion Tirol – bereits wieder zu einem (wenngleich anderen) Gesamttirol zusammenwachsen. Es geht auch darum, mit Emotionen Politik zu machen. Einmal mehr wird dazu die Vergangenheit mystifiziert und glorifiziert, werden terroristische Taten wie jene in den 60er Jahren entschuldigt mit Verweis auf das wichtigere Gesamte, die Gesamttiroler Einheit.

*

Werner Pirchner

Ein Vorschlag »zur unblutigen und dauernden lösung eines problems, das einen alpenländischen volkskörper dritheilt und solcherart demütigt und quält, dass er, obwohl von natur aufrechten und geraden wesens, sich schmerzerfüllt im grame beugt« kam 1973 wiederum von Werner Pirchner:

ein vorschlag

nordtiroul, oscht-
tiroul und sitiroul
san oa land und
kean zomm wie
hamma und sichl
af da
russischen fahn!

weil oba sitiroul
nimma zu ösch-
terreich kemman
wead, gibt es nur
oan weg,

dass der
tiroler adler,
der hofer ander
und
i
aufs unge-
teilte landl
oaschaugn
kennan:
nordtiroul
und öschttiröul
miaßn zu
italien
gian

»nordtiroul, oschttiroul und sitiroul san oa land«

INGRID STROBL

Aus einem anderen Blickwinkel betrachtet Ingrid Strobl in ihrer Recherche *Anna und das Anderle* den Umgang mit Fremden, nämlich aus jenem der »Juden im *Heiligen Land Tirol*«.

Mander, 's isch Zeit

Jahrhundertelang durften sich Juden im *Heiligen Land Tirol* nur äußerst beschränkt und nur in bestimmten Städten ansiedeln, dann wurden sie wieder vertrieben, manchmal *in alle Ewigkeit*. Einen gelben Ring oder Fleck mussten die Juden tragen, wenn sie durch Innsbruck reisten. Sich niederzulassen war ihnen nicht erlaubt, nur die Familie May erhielt 1578 das seltene Privileg. Als im April 1809 die Aufständischen unter Andreas Hofer für kurze Zeit die Stadt regierten, wurden die fünf Wohnungen und drei Geschäfte der in Innsbruck lebenden Juden gestürmt und geplündert.

Mander, 's isch Zeit, rief Andreas Hofer seinen Männern zu, als sie in die letzte, die Entscheidungsschlacht zogen, die sie verloren mit ihren Mistgabeln und Flinten auf dem Bergisel. *Der Hofer* konnte flüchten und hat sich auf einer Alm versteckt mit seinen Getreuen, aber einer von ihnen hat ihn verraten, der *Judas von Tirol*. Es haben ihn dann die Franzosen nach Mantua geführt, in *Banden*, vor Gericht gestellt und schließlich erschossen – ohne Augenbinde, denn die hat er heldenhaft abgelehnt, er hat dem Tod ins Auge geblickt, *der Hofer*. Alle Mantoveser Anwälte haben sich strikt geweigert, die Verteidigung für den angeklagten

Rebellen zu übernehmen vor dem französischen Militärgericht, nur einer hat sich bereit erklärt, ein Jude namens Gioacchino Basevi. Hat dieser Doktor Basevi gewusst, dass die Innsbrucker Juden, als Hofer die Stadt regierte, verprügelt und ausgeplündert wurden? Vermutlich nicht, woher sollte er auch in Mantua davon erfahren haben. Angenommen aber, er hat es gewusst, was hat ihn dazu bewegt, sich für diesen Angeklagten derart zu exponieren? Ich wüsste gerne mehr über Gioacchino Basevi, über den die ungezählten Berichte, Geschichten und Traktate über Andreas Hofer kein Sterbenswörtchen verlieren.

Kanntest du das Andreas-Hofer-Lied, Lea? Es war vor dem Krieg in der Jugendbewegung und auch bei der Sozialistischen Jugend beliebt, in Innsbruck haben es selbst die jüdischen Jungen und Mädchen von Blau-Weiß gesungen, mit Hingabe und Begeisterung, bis man es ihnen verbot, weil sie nicht mehr zu den Brüdern gehörten, das Land Tirol nicht mehr ihres war. *Zu Mantua in Banden der treue Hofer war / Nach Mantua in Banden führt ihn der Feinde Schar / Da blutete der Brüder Herz / Ganz Deutschland, ach, in Schmach und Schmerz. / Mit ihm sein Land Tirol / Mit ihm sein Land Tirol.*

Der treue Hofer: Ganz Deutschland, ach! Wie viele Tiroler haben es wohl als Schicksalsfügung empfunden, dass ihr Gauleiter Hofer hieß, Franz Hofer? Am Vorabend des Herz-Jesu-Tages, des höchsten Feiertags in Tirol, klettern junge Männer auf die Berge rund um Innsbruck und entzünden dort riesige Feuer. Ich habe diese Bergfeuerln seit Jahrzehnten nicht mehr gesehen, aber ich kann mich an sie erinnern, manche zogen einen Berggrat nach oder einen Gipfel, das sah schön aus von unten im Tal, andere stellten das Herz Jesu dar, wieder andere aber verkündeten in flammender Schrift, dass *Südtirol deutsch bleiben* muss, oder einfach nur *Südtirol*! und das Wort *Hofer*, nur Hofer, ohne Andreas.

Und ich kann mich auch erinnern, dass ich, da muss ich sehr klein gewesen sein, meinen Vater fragte, wählst du auch die Partei vom Hofer? Ich wusste, als ich die Frage aussprach, dass ich etwas Verbotenes, etwas Gefährliches tat, und ich habe mich deshalb auch nicht gewundert, dass mein Vater wütend darauf reagierte und mich hieß, den Mund zu halten. Ich habe allerdings keine Ahnung mehr, wie ich überhaupt dazu kam, diese Frage zu stellen. Wo hatte ich etwas aufgeschnappt von der Partei des Hofer und welchen Hofers? War der Gauleiter Franz Hofer gemeint oder *der treue* Andreas Hofer? Beides ist möglich, die Kriegsverbrecher wurden damals rehabilitiert, die alten Nazis kehrten auf ihre Posten zurück, die Mitläufer wurden von den Parteien als Wähler umworben. Und in Südtirol explodierten die ersten Bomben in den Kasernen der Carabinieri, Bomben, gelegt von jungen Tiroler Bauernburschen, die für *Ein Freies Südtirol* kämpften, organisiert und ausgerüstet von älteren Herren, die es mit beiden Hofers hielten, dem Franz und dem Andreas.

Unter dem Franz Hofer hatten Tiroler Nazis auf die Schaufenster von Geschäften, die Juden gehörten, Andreas Hofers Losung *Mander, 's isch Zeit!* geschrieben. Im Gegensatz zum Andreas konnte der Franz Hofer seinen Feinden zweimal entkommen und starb schließlich als gesuchter NS-Verbrecher und erfolgreicher Geschäftsmann, betrauert von seinen Freunden und Verehrern in Nord- wie Südtirol, friedlich in seinem Bett in Mülheim an der Ruhr. In der Tiroler Tageszeitung, der größten und meistgelesenen Zeitung des Landes, lud im Februar 1975 der Bundesvorstand der *Volksbewegung für Südtirol* zur feierlichen Beisetzung ein. *Unser Mitglied, Freund und Förderer Franz Hofer*, stand in der Anzeige, *Gauleiter und Reichsstatthalter von Tirol (1938–1945), Oberster Kommissar für die Operationszone Alpenvorland, ist am 18. Februar verstorben. Die Urnenbeisetzung findet am Freitag, dem 28. Februar, um 11 Uhr in Mülheim/Ruhr, Hauptfriedhof, in engstem Kreise statt. Im Einvernehmen mit der Witwe werden Freunde und Weggefährten herzlich eingeladen, diesem aufrechten Tiroler die letzte Ehre zu erweisen.*

Da wollte die Redaktion nicht zurückstehen und erwies nun ihrerseits dem *aufrechten Tiroler* die letzte Ehre: Der *einer alten Tiroler Familie Entstammende*, schrieb ein *aufrechter Tiroler* aus der Redaktion, wurde 1933 verhaftet und *in einer aufsehenerregenden Aktion aus dem Innsbrucker Landesgericht befreit*, worüber der Nachrufverfasser sich heute noch freut. Und es freut ihn auch, dass der Gauleiter Hofer seiner Politik, wie er schreibt, *eine starke persönliche Tiroler Note* verlieh. Drei Juden haben sie umgebracht in der Pogromnacht, achtzehn misshandelt, die *aufrechten Tiroler* unter ihrem Gauleiter Hofer, und schließlich alle vertreiben oder deportieren lassen mit einer *starken Tiroler Note: Mander, 's isch Zeit.*

»*Damits Bescheid wissts: Miar sein in dem Biachl nit im Johre 1809 im heiligen Lond Tyrol, wo der Andre Hofer mit seine Schitzn gegn an Napolium kämpft.*« – Asterix auf tirolarisch übersetzt von Felix Mitterer.

Nach Verfilmungen wie *Tirol in Waffen* von Fritz Frölich (1913) oder *Andreas Hofer. Der Freiheitskampf des Tiroler Volkes* von Hanns Prechtl (1929), die heute kurios historisch wirken, produzierte der Tiroler Filmemacher Christian Berger einen mehrfach ausgezeichneten Film zum Thema 1809. In *Raffl* (1984) spielt allerdings nicht Andreas Hofer die Hauptrolle, sondern wird ein subtiles Psychogramm des Verräters Franz Raffl gezeichnet. »Freiheit im Denken und Erfinden« war eine von Bergers Maximen, damit der Stoff funktioniert.

»Wie weit darf man gehen im Kampf um die Freiheit?«, fragt die jüngste filmische Umsetzung, zu der Felix Mitterer das Drehbuch und Werner Pirchner bzw. Artur Lauber die Musik schrieben. Xaver Schwarzenberger führte in *1809 – Die Freiheit des Adlers* (2002) Regie.

Felix Mitterer

1809 – Die Freiheit des Adlers, Drehbuchauszug

86. PRIVATSTUBE SANDHOF

Innen, Nacht. November. Hofer schläft am Tisch, den Kopf auf die Arme gelegt. Wein und Schnaps vor ihm. Sweth sitzt hilflos und übermüdet daneben. Anna steht bei Hofer, rüttelt ihn.

ANNA: Andre! Andre! Geh schlafen! Bitte!

Hofer ist aufgewacht, stiert Anna verständnislos an. Raffl und Zoderer kommen herein. Beide haben am Bergisel mitgekämpft, sie schauen dementsprechend heruntergekommen aus, Zoderer hat die Wunde eines Säbelhiebes über Ohr und Wange. Raffl zeigt Hofer ein französisches Schreiben vor.

RAFFL: Den Briaf hamma einem französischen Kurier abgnommen. (*Zeigt den Brief Sweth.*) Kannst du des lesen?

Sweth nimmt den Brief, liest ihn. Hofer ist schon wieder fast eingeschlafen. Anna setzt sich enerviert.

SWETH: (*rüttelt Hofer*) Vater Hofer!

Hofer schaut ihn an.

SWETH: Des is ein Schreiben vom Vizekönig von Italien an den König Max von Bayern und an den Kronprinzen Ludwig. Der Vizekönig schreibt, dass er mit 30.000 Mann schon in Villach steht, dass er jetzt auf Tirol vorrückt und dass man die Tiroler möglichst schonen soll, wenn sie sich an den Friedensvertrag halten und ihren Widerstand aufgeben.

HOFER: (*stiert vor sich hin; dann*) I gib ihn auf.

SWETH: Er verlangt eine Garantie vom Tiroler Oberkommandanten. Vater Hofer, wir müssen sofort einen Brief an den Vizekönig schreiben.
HOFER: Mach du des, Kajetan. I unterschreib nacha. (*Er steht auf, kann kaum stehen.*) I muaß mi a bissl hinlegen.
RAFFL: Hinlegen kannst di, wenn du den Brief unterschrieben hast! I muaß damit sofort nach Villach!
HOFER: I unterschreib blanko.

Sweth legt Hofer schnell ein leeres Blatt Papier hin, drückt ihm die Feder in die Hand, Hofer unterschreibt am unteren Rand des Blattes in zittriger Schrift: »Andere Hofer – gewöster Obercomandant«. Hofer geht zur Tür, schwankt, Anna kommt zu ihm und stützt ihn, Hofer dreht sich um.

HOFER: (*zu Sweth; Originalzitat*) Schreibst, sie sollen uns halt unsern alten Glauben lassen und uns a bißl mitn Zahlen verschonen, (*wendet sich schon ab, murmelt:*) und die Kapuziner brauch ma a.

87. VOR SANDHOF

Außen/Nacht. Haspinger (Säbel umgeschnallt, eine Pistole in den Strick gesteckt, mit dem er sich gürtet, Kreuzstab in einer Hand) und vier wilde, fanatische, heruntergekommene Standschützen (unter ihnen der 1. Schütze/Vergewaltiger) reiten schnell auf bayrischen Beutepferden heran, reißen die Pferde herum, springen ab.

88. PRIVATSTUBE SANDHOF

Innen/Nacht. Raffl trinkt durstig ein Glas Wein, Zoderer trinkt aus der Schnapsflasche, Sweth schreibt hastig auf das schon von Hofer unterschriebene Blatt. Plötzlich stolpert Hofer rückwärts wieder durch die Tür herein. Haspinger kommt herein, den Kreuzstab gegen Hofer gerichtet, mit dem er ihn bei der Tür hereingestoßen hat. Hofer weicht vor ihm zurück wie vor einer Geistererscheinung. Hinter Haspinger kommen die vier Standschützen herein, ihre Stutzen in den

Händen. Anna drängt hinten nach.

ANNA: (*zu Haspinger*) Außi! Verlassts unser Haus!

Haspinger gibt zwei Schützen ein Zeichen, diese schleppen Anna hinaus, die sich heftig wehrt. Haspinger knallt die Tür zu, schaut Hofer an.

HOFER: (*gebrochen*) I kann nimmer, Pater.

Haspinger packt Hofer am Arm, zwingt ihn auf Stuhl nieder, entreißt Zoderer die Schnapsflasche, schenkt ein Weinglas damit voll, reicht das Glas Hofer, dieser trinkt es gehorsam in einem Zug aus.

HASPINGER: Du hast die Kapitulation unterschrieben?
HOFER: Ja. (*Verzweifelt zu Haspinger:*) Es muaß a End sein! Es muaß a End sein, Herr im Himmel! Was willst du denn, Haspinger? A heiliges Land ohne Menschen? A heiliges Land voller Leichen?
HASPINGER: (*nimmt Hofers Kopf wie ein Schraubstock in beide Hände*) Hofer! Vater unseres Vaterlandes Tirol! Wenn nur ein Bua und ein Madl überleben, dann reicht des schon! Weil sie wern unsern Kampf im Kopf haben, und im Herzen tragen, tausend Jahr lang! Und irgendwann, Hofer, wird's es geben, des Heilige Land Tirol! Aber wenn ma jetzt davonlaufen, wenn ma feig kapitulieren, dann is des Heilige Land Tirol für immer ausradiert aus der Landkarte Gottes!
HOFER: (*verzweifelt*) I mag so an Gott nit! Des is nit mein Gott! Jesus Christus!

Haspinger schaut zu Sweth, geht zu ihm, nimmt ihm das Blatt weg, schaut darauf, zerreißt es.

HASPINGER: (*zu Hofer*) Du widerrufst jetzt deine Kapitulation!

Hofer schüttelt den Kopf.

HASPINGER: (*schreit Hofer an*) Mach schon! Diktier!

Hofer reagiert nicht.

HASPINGER: (*zu Sweth*) Schreib! An den Vizekönig von Italien.

Sweth schreibt.

HASPINGER: (*kalt*) Wir kämpfen weiter. Wir töten euch Teufel alle.

Sweth schreibt, Haspinger reißt ihm das Blatt und die Feder aus der Hand, legt das Blatt vor Hofer hin, drückt ihm die Feder in die Hand.

HASPINGER: Unterschreib!

Hofer reagiert nicht. Der 1. Schütze reißt Hofer heftig am Bart.

1. SCHÜTZE: Du sollst unterschreiben, hast nit ghört?

Hofer reagiert nicht. Der 1. Schütze spannt den Hahn seines Stutzens, setzt Hofer die Mündung an den Kopf.

SCHÜTZE: Unterschreib oder du bist hin!

Hofer reagiert nicht.

HASPINGER: Die Laufzettel sein scho draußen, Andre, es nutzt dir nix. Und woaßt, was auf die Laufzettel steht? Jeder, der nit bereit is, seinen letzten Blutstropfen für Tirol zu verspritzen, der wird von uns an die Wand gstellt, Haus und Hof verbrannt! Und sie parieren alle, sie marschieren alle wieder auf, im Pustertal, im Eisacktal, überall!

Hofer schaut zu ihm hoch, schaut auf das Blatt Papier, setzt zum Unterschreiben an.

RAFFL: Hofer! Tua des nit! Du bringst des ganze Land um!

Der andere Schütze stößt Raffl den Kolben seines Stutzens in die Brust. Haspinger starrt Hofer an, zeigt auf das Papier. Hofer unterschreibt, der 1. Schütze nimmt die Gewehrmündung von seinem Kopf.

CHRISTIAN BERGER

Es ist Winter 1810

Es ist Winter 1810. Der verschuldete Kleinbauer Franz Raffl entdeckt durch Zufall das Versteck Andreas Hofers, des Anführers der Aufständischen gegen die Franzosen. Auf die Ergreifung Hofers ist ein hohes Kopfgeld ausgesetzt. Raffl, der im Dorf als mieser Charakter gilt und keine der Tugenden besitzt, die man allgemein einem Bauern zuschreibt, sitzt durch dieses Wissen in der Klemme. Einerseits lockt das Geld, andererseits droht dem Verräter Gefahr durch die eigenen Leute. Pater Danei, ein Priester, der mit den Franzosen zusammenarbeitet und die Aufgabe hat, das Volk ruhig zu halten, schöpft Verdacht. Raffl geht zum Ortsvorsteher Illmer und möchte gemeinsam mit ihm Hofer den Franzosen ausliefern. Illmer will aber davon nichts wissen und hält Raffl hin: »Wer sich gegen die Obrigkeit auflehnt, zieht die Strafe Gottes auf sich.«

Raffl verhält sich ruhig. Da wird er von den Franzosen zum Verhör geholt und muss endlich die Soldaten zum Versteck fahren. Ohne die ausgesetzte Belohnung je zu erhalten, wird Raffl nun verfolgt. Nur knapp entkommt er Anschlägen auf sein Leben; sein Hof wird gepfändet, er selbst wird aus dem Land gejagt.

In der weit entfernten Stadt beginnt er ein neues Leben. In einer Maut- und Waaghalle schleppt er Kisten und Ballen. Raffl hat sein Auskommen, eine Wohnung und findet sogar einen Freund. Raffl geht es gut. Er beginnt zu begreifen: Geschichte, die mit ihm geschehen ist; seine Rolle im Spiel der Mächtigen. Er schält sich aus seiner Vergangen-

»*Pater Danei, ein Priester, der mit den Franzosen zusammenarbeitet*«: Dietmar Schönherr zu Ross.

heit heraus. Plötzlich sieht er sich selbst, seine Wurzeln, und muss erkennen, dass er einen Raffl entdeckt hat, den es gar nicht mehr gibt, den man ihm gestohlen hat. Mit diesem Verlust kann Raffl nicht leben.

Diese Inhaltsangabe ist nicht mehr als ein Skelett. Die eigentliche Geschichte lässt sich viel mehr in Bildern als durch Sprache ausdrücken. Eine der Eigenschaften Raffls ist ja auch seine Sprach- und Wortlosigkeit. Eine ganz wesentliche Bedingung, Raffl im Kino zu erzählen, ist: Die Geschichte muss auch für einen Zuschauer funktionieren und interessant sein, der über Andreas Hofer, Raffl und die ganze Historie vom Tiroler Freiheitskampf nichts weiß. Diese ganz subjektive Form der Erzählung, das Erstellen einer Person, in die man hineinschlüpfen kann, braucht Freiheit im Denken und Erfinden von Situationen und künstlerische Überhöhung.

Trotzdem, ohne möglichst genau recherchierte historische Fakten, ohne Kenntnis der wirtschaftlichen und politischen Umstände der agierenden Personen und ohne die verschiedenen Perspektiven der Geschichtsschreibung abzuwägen, wäre die psychologische Dichte der Charaktere nicht darzustellen und das Interesse an einem Menschen, mit dem plötzlich Geschichte geschieht, nicht zu wecken gewesen.

Dieser Gesichtspunkt war bestimmend für die Auswahl der Motive, für die Gestaltung der Ausstattung und natürlich nicht zuletzt für die zum Teil stark kontrastierende Spielweise der Schauspieler.

Autoren- und Quellenverzeichnis[1]

Ernst Moritz Arndt: 1769 (Schoritz auf Rügen) – 1860 (Bonn)
Des Deutschen Vaterland, in: *Lieder für Teutsche* (1813)

Bettine von Arnim: 1785 (Frankfurt/Main) – 1859 (Berlin)
An Goethe – An Bettine, in: B.v.A., *Goethe's Briefwechsel mit einem Kinde. Seinem Denkmal* (1835)

H. C. Artmann: 1921 (St. Achatz am Walde) – 2000 (Wien)
mit dir das land tyrol*, aus: *die ausnehmend schönen lieder des edlen caspar oder gemeinhin hans wurstel genannt*, in: H.C.A., *ein lilienweißer brief aus lincolnshire*. Frankfurt/Main 1969, S. 232f. © Rosa Pock-Artmann

Christian Berger, geboren 1945, lebt in Lans bei Innsbruck. Er ist Kameramann, Autor, Regisseur und Produzent zahlreicher Dokumentationen, Fernseh- und Kinofilme (zuletzt *Hanna Monster, Liebling*, 1988/89; *Mautplatz*, 1994) und lehrt seit 1994 an der Filmakademie in Wien.
Es ist Winter 1810*, in: *Das Fenster* 34/35 (1984), S. 3454. © beim Autor

Joseph von Eichendorff: 1788 (Schloss Lubowitz bei Racibórcz) – 1857 (Nysa)
Ein feste Burg, Trutz der Gewalt*, aus: J.v.E., *Ahnung und Gegenwart* (1810–12), Drittes Buch, 18. Kapitel

Egon Friedell: 1878 (Wien) – 1938 (Wien).
Das Napoleondrama*, in: E.F., *Kulturgeschichte der Neuzeit*, München: Verlag C.H. Beck 1996, 924f., 926f.

Franz Grillparzer: 1791 (Wien) – 1872 (Wien)
Tod des Vaters 1809*, aus: F.G., *Selbstbiografie* (1853)

Reinhold Gärtner, geboren 1955 in Steyr, ist Universitätsprofessor am Institut für Politikwissenschaft der Universität Innsbruck sowie Sekretär der Gesellschaft für politische Aufklärung.

[1] * = Titel vom Herausgeber

Dornenkrone und Geschichtsbewusstsein, aus: *Tirol und das Fremde*, in: Lisa Gensluckner u.a. (Hg.), *Tirol: Gegen den Strom. Gaismair-Jahrbuch 2001*, S. 165f. © 2001 by StudienVerlag Ges.m.b.H.

Claus Gatterer: 1924 (Sexten, Südtirol) – 1984 (Wien)
Publizist und Fernsehjournalist; zahlreiche Auszeichnungen, u.a. Theodor Körner-Preis, Dr. Karl Renner-Preis für Publizistik, Preis der Südtiroler Presse.
Über eine Bauernbibliothek in Sexten, über Reimmichl, Andreas Hofer, Cesare Battisti und Alice Schalek*, aus: *Über einen Don Quixote in der Bauernbibliothek*, in: C.G., *Schöne Welt, böse Leut. Eine Kindheit in Südtirol*. Wien 1992 (3. Aufl.), S. 165–175. © Europa Verlag Hamburg, Wien

Johann Peter Hebel: 1760 (Basel) – 1826 (Schwetzingen)
Die französische Armee – Zustand von Europa im August 1810 – Andreas Hofer, in: J.P.H., *Erzählungen des Rheinländischen Hausfreundes* (1810), Stück 131, 139 und 140

Heinrich Heine: 1797 (Düsseldorf) – 1856 (Paris)
Dichtung und Wahrheit*, aus: H.H., *Reisebilder* Bd. 3/1: *Reise von München nach Genua* (1828), Kapitel VII und X

Ernst Herbeck: 1920 (Stockerau) – 1991 (Gugging)
Herbeck erkrankte im Alter von 20 Jahren an Schizophrenie und war bis an sein Lebensende in der Landesnervenklinik Maria Gugging hospitalisiert. Sein Arzt Leo Navratil gab ihm stichwortartig Anregungen zur Gedichtproduktion, die unter dem Pseudonym Alexander publiziert wurden.
Andreas Hofer, in: E.H., *Im Herbst da reiht der Feenwind. Gesammelte Texte*. Salzburg und Wien 1992, S. 50. © Residenz Verlag

Eric Hobsbawm, 1917 in Alexandrien geboren, in Wien und Berlin aufgewachsen, emigrierte 1933 nach London. Er lehrte an verschiedenen Universitäten und an der New School of Social Research in New York.
Die Dynamik des Guerillakrieges*, aus: *Vietnam und die Dynamik des Guerillakrieges*, aus: E.H., *Ungewöhnliche Menschen. Über Widerstand, Rebellion und Jazz*. Aus dem Englischen von Thorsten Schmidt. München, Wien 2001, S. 254–268. © 2001 Carl Hanser Verlag, München, Wien

Friedrich Hölderlin: 1770 (Lauffen am Neckar) – 1843 (Tübingen)
An die Deutschen (um 1800)

Johann Holzner, geboren 1948 in Innsbruck, ist Professor für Neuere deutsche Literatur und Leiter des Forschungsinstituts Brenner-Archiv an der Universität Innsbruck.
Der ›Andre Hofer‹ von Franz Kranewitter*, in: J.H., *Franz Kranewitter. Provinzliteratur zwischen Kulturkampf und Nationalsozialismus*. Innsbruck: Haymon-Verlag 1985, S. 109–116 © beim Autor.

Joseph von Hormayr: 1781 (Innsbruck) – 1848 (München)
Insubordination und das mindeste Übel*, aus: *Geschichte Andreas Hofer's Sandwirths aus Passeyr* (1817)

Barbara Hundegger, geboren 1963 in Hall in Tirol, lebt in Innsbruck.
innsbruck lassen 1, in: B.H., *und in den schwestern schlafen vergessene dinge. Gedichte*. Klagenfurt/Celovec 1998, S. 24f. © Wieser Verlag

Norbert C. Kaser: 1947 (Brixen) – 1978 (Bruneck)
andreas hofer laesst sich nicht ver(d)erben* [= *alto adige / alto fragile*], in: N.C.K., *gedichte* (gesammelte werke, bd. 1), hg. v. Sigurd Paul Scheichl. Innsbruck 1998, S. 338. – *sachsenklemme*, in: N.C.K., *prosa* (gesammelte werke, bd. 2), hg. v. Benedikt Sauer und Erika Wimmer-Webhofer. Innsbruck 1989, S. 92. © Haymon-Verlag, Innsbruck 1988 und 1989

Heinrich von Kleist: 1777 (Frankfurt/Oder) – 1811 (Berlin)
Germania an ihre Kinder. Eine Ode (1809)

Karl Theodor Körner: 1791 (Dresden) – 1813 (Schlacht bei Gadebusch)
Andreas Hofers Tod, in: K.T.K., *Leyer und Schwerdt* (1814)

Jacques Le Goff, geboren 1924 in Toulon, ist Universitätsprofessor für Geschichte des Mittelalters in Paris.
Die Französische Revolution bewegt Europa, in: J.L.G., *Jacques Le Goff erzählt die Geschichte Europas*. Aus dem Französischen von Tobias Scheffel. Frankfurt/Main und New York 1997, S. 64–66. Copyright © 1997 Campus Verlag GmbH, Frankfurt/Main

Albino Luciani: 1912 (Canale d'Agordo) – 1978 (Rom)
Lieber Andreas Hofer!, aus: A.L., *Ihr ergebener Albino Luciani. Briefe an Persönlichkeiten*. Aus dem Italienischen von Wolfgang Bader und Hans Heilkenbrinker. München u.a. 1997, S. 210–215. © Verlag Neue Stadt, München

Luise, Königin von Preußen: 1776 (Hannover) – 1810 (Schloss Hohenzieritz bei Neustrelitz)
Brief an die Zarinmutter Maria Feodorowna – Brief an die Zarin Elisabeth – Brief an Caroline Friederike von Berg (1810)

Claudio Magris, 1939 in Triest geboren, lehrt deutsche Literatur an der Universität von Triest.
Revolutionäre und Rebellen*, in: C.M., *Die Welt en gros und en détail*. Aus dem Italienischen von Ragni Maria Gschwend. München, Wien 1999, S. 260–264. © 1999 Carl Hanser Verlag, München – *Joseph Freiherr von Hormayr zu Hortenburg**, in: C.M., *Der habsburgische Mythos in der modernen österreichischen Literatur*. Aus dem Italienischen von Madeleine von Pásztory, Salzburg 1966, S. 43–45. © Paul Zsolnay Verlag Wien 2000

Felix Mitterer, geboren 1948 in Achenkirch/Tirol, lebt in Irland. Er gilt als wichtiger Vertreter des kritischen Volksstückes (*Kein Platz für Idioten* u.v.a.) und ist einer der meistgespielten deutschsprachigen Bühnenautoren. Seit den 90er Jahren arbeitet er vermehrt an Drehbüchern für das Fernsehen.
1809 – Die Freiheit des Adlers. Drehbuchauszug. Szene 86, 87 und 88. Copyright: Satel-Film, Wien

Julius Mosen: 1803 (Marienney/Sachsen) – 1867 (Oldenburg)
Studierte Rechtswissenschaften in Jena, war Advokat in Dresden und ab 1844 Dramaturg am Hoftheater Oldenburg. Er verfasste Gedichte nach spätromantischem Muster sowie historische Dramen.
Sandwirt Hofer (um 1833)

Georg Paulmichl, geboren 1960, lebt in Prad im oberen Vinschgau und besucht dort seit Jahren die Behindertenwerkstatt. *Gedenkjahr I*, in: G.P., *Verkürzte Landschaft*. Innsbruck 1994, S. 38. © Haymon-Verlag, Innsbruck 1990

Werner Pirchner: 1940 (Hall in Tirol) – 2001 (Innsbruck) *leicht veränderte tiroler landeshymne** (Originaltitel: *in dem bestreben, edlere werte als hoamat, scholle und vaterland zu besingen, leicht veränderte tiroler landeshymne*) und *ein vorschlag** (Originaltitel: *ein vorschlag zur unblutigen und dauernden lösung eines problems ...*), in: W.P., *ein halbes doppelalbum + seite 3. was wir über das leben nach dem tode wissen & fast 22 andere lieder nebst der seite 3 + 17 bonus tracks.* Textheft zur CD, 1996. © by Edition Werner Pirchner

Helmut Reinalter, geboren 1943 in Innsbruck, ist Professor für Geschichte der Neuzeit an der Universität Innsbruck. Forschungsschwerpunkte: Sozialgeschichte, politische Ideengeschichte, politische Philosophie und Mentalitätsgeschichte des 18. und 19. Jahrhunderts.
Die neufränkischen Volksempörer und die Langmut der Fürsten*, in: H.R., *Geheimbünde in Tirol. Von der Aufklärung bis zur Französischen Revolution.* Bozen 1982, S. 256–263. © by Verlagsanstalt Athesia Ges.m.b.H., Bozen

Sebastian Rieger: 1867 (St. Veit in Defereggen) – 1953 (Heiligkreuz bei Hall in Tirol)
Tirol ist lei oans*, aus: *Der Fahnlbua*, in: S.R., *Aus den Tiroler Bergen. Lustige und leidige Geschichten.* Brixen 1898, S. 1f. © Tyrolia Verlagsanstalt GmbH

Peter Rosegger: 1843 (Alpl) – 1918 (Krieglach)
Panorama*, aus: *Über den Gerlos.* 1896, in: P.R., *Alpensommer* (1909)

Herbert Rosendorfer, geboren 1934 in Bozen, Jurist und Verfasser meist humorvoll-skurriler Romane, Erzählungen und Dramen, lebt in St. Michael bei Eppan in Südtirol.
Das Wichtigste ist das Riesenrundgemälde*, in: *Die Zeit 2* (14.01.1972), S. 32f. © 1980 by nymphenburger in der F.A. Herbig Verlagsbuchhandlung GmbH, München

Charles Sealsfield (Karl Anton Postl): 1793 (Poppitz, Südmähren) – 1864 (Gut unter den Tannen bei Solothurn)
Der Kaiser und sein Volk*, aus: C.S., *Austria as it is: or Sketches of Continental Courts – Österreich, wie es ist oder: Skizzen von Für-*

stenhöfen des Kontinents. Fünftes Kapitel. Aus dem Englischen von Victor Klarwill. Hildesheim, New York 1972

Ingrid Strobl, geboren 1952 in Innsbruck, studierte Germanistik und Kunstgeschichte und promovierte über Rhetorik im Dritten Reich. Sie lebt als freie Autorin in Köln und arbeitet v. a. für Fernsehen und Hörfunk als Sachbuchautorin.
Mander, 's isch Zeit, in: I.S., *Anna und das Anderle*. Eine Recherche. Frankfurt/Main 1995, S. 27–30. © S. Fischer Verlag GmbH, Frankfurt am Main 1995

Franz Tumler: 1912 (Gries bei Bozen) – 1998 (Berlin)
Franz Tumler gilt als erstrangiger Schilderer v .a. seiner Südtiroler Heimat. Er war zwischen 1935 (*Das Tal von Lausa und Duron*) und 1944 mit zehn Buchveröffentlichungen in einer Gesamtauflage von 300.000 Exemplaren der erfolgreichste österreichische Schriftsteller seiner Generation. In den 50er Jahren kam er nach Berlin. Mit *Der Mantel* (1959) und *Aufschreibung aus Trient* (1965) schuf er zwei seiner bedeutendsten Romane.
Eine Zeittafel (Vom Neudenken und Versteinern), in: F.T., Das Land Südtirol. München 1991, S. 79–83. © Sigrid John-Tumler, Berliner Tumler-Archiv

William Wordsworth: 1770 (Cockermouth/Cty. Cumbria) – 1850 (Rydal Mount/Grasmere, Cty. Cumbria)
Hoffer (1809)

Constant Ritter von Wurzbach-Tannenberg: 1818 (Laibach) – 1893 (Berchtesgaden)
Hofer, Andreas, in: Dr. C.v.W., *Biographisches Lexikon des Kaiserthums Oesterreich*. Neunter Teil. Wien 1862

Joseph Zoderer, geboren 1935 in Meran, lebt als freier Schriftsteller auf einem Bauernhof in Terenten (Südtirol).
statt di hantln foltn di faischt zoagn*, in: J.Z., *s maul auf der erd oder drecknuidelen kliabn*. Mit Zeichnungen von Luis Stefan Stecher. München: Relief-Verlag 1974, S. 51. Alle Rechte dieses Gedichtbandes (Neuauflage Bozen: Edition Raetia 2001) beim Autor